Cocina vegetariana saludable

COCINA VEGETARIANA SALUDABLE

Recetas vegetarianas innovadoras para cocineros intrépidos

JANET SWARBRICK

EDIMAT Libros

www.edimat.es

Abreviaturas empleadas:

kg = kilogramo

g = gramo

lb = libra

oz = onza

inch/in = pulgada

l = litro

ml = mililitro

fl oz = onza (volumen)

h = hora

min = minuto

s = segundo

cm = centímetro

Para las recetas, las cantidades se expresan utilizando el Sistema Métrico Decimal y el Sistema Británico, aunque también pueden aparecer en cucharadas y cucharaditas estándar. Siga uno de los sistemas, tratando de no mezclarlos, ya que no se pueden intercambiar.

Las medidas estándar de una taza y una cucharada son las siguientes:

1 cucharada = 15 ml/½ fl oz

1 cucharadita = 5 ml/⅙ fl oz

1 taza = 250 ml/8 fl oz

Utilice huevos medianos a menos que se especifique otro tamaño en la receta.

EDIMAT LIBROS S.A.
C/Primavera, 35
Polígono industrial El Malvar
28500 Arganda del Rey
Madrid-España
www.edimat.es

© en lengua castellana: Edimat Libros S.A.

ISBN: 84-9764-625-8

Título original: *Healthy Vegetarian Cooking*
Traducción: Traducciones Maremagnum
Revisión técnica: Gastromedia, S.L.

Este libro fue creado y publicado por
Quantum Publishing Limited
6 Blundell Street
London N7 9BH
Copyright © 1997 Quintet Publishing Limited

CONTENIDO

Introducción   7

Desayunos   13

Entrantes, sopas y ensaladas   23

Platos principales   41

Acompañamientos   69

Postres   91

Al horno   109

Índice   127

INTRODUCCIÓN

La selección de frutas, verduras y legumbres de casi todos los supermercados, fruterías y tiendas agrícolas, ya estén en el centro de la ciudad o en el campo, resulta tan asombrosa que para cualquiera que desee seguir una dieta vegetariana es fácil crear platos con colorido y variedad de sabores y texturas. En resumen, la dieta moderna vegetariana es actual y apasionante, por lo que no es de extrañar que un número creciente de personas disfrute de comida vegetariana sana y rica en fibra.

Sin embargo, el vegetarianismo no es una nueva moda culinaria: para muchos de los grandes pensadores y filósofos del mundo antiguo era una forma de vida; y miembros de la fe budista y de la hindú (quienes consideran sagrada toda la vida animal) lo han propugnado durante milenios.

Una dieta para un mundo sano

Durante muchos siglos, la religión ha influido notablemente en todos los ámbitos de la vida, pero aunque para algunos aún sea así, hoy por hoy es muy probable que las consideraciones emocionales, ecológicas y espirituales induzcan a las personas a pensar en replantear su dieta.

Muchos de los adolescentes que se convierten al vegetarianismo, en parte lo hacen movidos por la influencia del grupo, pero también a la vista de corderitos y cochinillos disfrutando del sol, cuyo destino es la mesa. Muchos otros se han visto impulsados al vegetarianismo ante la ausencia de respuestas a las incógnitas que conllevan los métodos de cultivos intensivos, como la famosa crisis de las vacas locas.

IZQUIERDA: Una dieta rica en vegetales frescos es muy recomendable.

¿Vegetarianos o veganos?

Muchas personas se consideran vegetarianas por el hecho de no comer carne roja, pero esta definición es inexacta, ya que los vegetarianos no comen carne de ningún animal, incluyendo aves y pescado, además de carne roja y blanca. Los veganos, que siguen la dieta vegetariana más estricta, no comen ningún derivado animal (queso, mantequilla o cualquier otro producto lácteo) y algunos se niegan incluso a ingerir miel, por no privar de ella a las abejas. Una dieta vegetariana creativa representa uno de los mayores retos culinarios.

Los láctovegetarianos no consumen productos que requieran el sacrificio de animales, por lo que no comen huevos pero sí productos lácteos, como queso o leche, mientras que los ovoláctovegetarianos consumen huevos.

Existe un número creciente de vegetarianos en potencia que consumen pescado, especialmente personas muy activas o que están convirtiéndose al vegetarianismo. Se les conoce con el nombre de «semivegetarianos». Es una situación de compromiso entre vegetarianismo auténtico y lo que los padres están dispuestos a aceptar para sus hijos jóvenes.

Una dieta vegetariana sana

Muchas de las enfermedades denominadas «modernas» u occidentales están inevitablemente vinculadas al exceso de procesos industriales al que se someten los productos de una dieta rica en grasas y de comida rápida. El estilo de vida también juega un papel relevante en dichas enfermedades. Las grasas y el sedentarismo acrecientan el riesgo de sufrir enfermedades cardiacas, al tiempo que la carencia de fibra provoca desórdenes y enfermedades digestivas.

Los animales no son la única fuente de proteínas, sino que los cereales, los frutos secos y las alubias son muy ricas en proteínas secundarias o vegetales. Sin embargo, muy pocos alimentos contienen los aminoácidos que el cuerpo necesita para recrear la proteína que el cuerpo consume. Por tanto, es indispensable que la dieta vegetariana sea variada e incorpore todo tipo de cereales y legumbres. El ejemplo clásico es que el pan hecho con harina de trigo resulta incompleto en lo que se refiere a los aminoácidos esenciales, pero si se tuesta y se cubre con judías en salsa de tomate se obtiene un tentempié rico en proteínas.

La fibra: clave para una dieta sana

La fibra es el componente más importante de la dieta vegetariana y el arma más eficaz contra los peligros de la comida procesada. La fibra alimentaria conforma las paredes de células de las plantas (la superestructura o esqueleto). Se encuentra exclusivamente en las plantas, por lo que es fácil percatarse de que una dieta rica en proteínas animales y grasas pero pobre en vegetales y cereales carecerá de fibra casi completamente.

La fibra es esencial para el correcto funcionamiento del sistema digestivo y por tanto para que el cuerpo procese los alimentos. Una dieta de papilla sería fácil de digerir y no representaría ningún reto intestinal y, de hecho, al comienzo de la industria alimentaria se realizaron innumerables progresos orientados a simplificar el acto de comer mediante comidas refinadas; pero la inactividad intestinal provoca desórdenes y enfermedades. En los países en vías de desarrollo, donde los alimentos básicos son el arroz, las lentejas y los vegetales, existen numerosas enfermedades, pero la mayoría de ellas están asociadas con deficiencias vitamínicas y no con carencias de fibra alimentaria.

Para mantenerse sano y llevar una dieta rica en fibra, es importante cocinar y comer alimentos sin procesar industrialmente. Es sorprendente que, incluso entre las personas que consumen productos cárnicos, los alimentos asociados con altos nieves de almidón y carbohidratos (ricos en fibra) contribuyen a buena parte de la aportación de proteínas a la dieta (entre el 20 y el 30 por ciento de las proteínas de una dieta media provienen de las patatas). Es muy sencillo conseguir una dieta sana reduciendo las proteínas animales, con lo que se reduce automáticamente la grasa, y aumentando el consumo de alimentos ricos en fibra.

Proteínas extras para vegetarianos

Cada vez es más habitual el consumo de proteínas vegetales y existe una tendencia clara en la agricultura hacia cultivos como la soja, que es rica en proteínas y puede utilizarse sólida o líquida, produciendo un rendimiento por hectárea en términos de proteínas mucho mayor que el ganado. Ésta se considera una de las formas más plausibles de mejorar la dieta mundial.

El tofú, recientemente introducido en Occidente para un alimento proteínico básico en China desde hace milenios, también ocupa un lugar relevante en la dieta vegetariana. Es masa de soja y se conoce también como requesón del brote de soja y lo mejor es consumirlo fresco, cuando la textura es firme. El tofú fresco o ahumado puede cortarse en rodajas y freírse con rapidez para añadirlo a ensaladas y otros platos vegetales, o bien mezclarlo con el relleno de pasteles y tartas.

También se están desarrollando alimentos con proteínas vegetales con aspecto de salchichas o carne picada. Habitualmente, son casi insípidas pero absorben fácilmente el sabor de salsas y aliños, y acompañadas de calabacines o maíz pueden transformar la barbacoa vegetariana en una experiencia mucho más interesante que el tradicional festín de carne, consistente en pedazos chamuscados de salchichas y pedazos de pollo.

Sabores buenos para alimentos buenos

Cualquier judía o legumbre responde de forma deliciosa al uso inteligente de especias y hierbas. Puede tostar sus propias semillas, por ejemplo de comino o cilantro; en una cacerola seca, y si las muele justo antes de utilizarlas, se intensifica su sabor. Otra alternativa consiste en comprar pequeñas cantidades de especias molidas y sustituirlas regularmente. Los condimentos secos pierden mucho al cabo de unos meses y al cabo de un año dejan mucho que desear.

Las hierbas frescas son las más sabrosas, pero pueden resultar muy caras, especialmente si se compran en un supermercado. Puede guardar hierbas liofilizadas para emergencias, pero si tiene la suerte de tener un jardín de hierbas frescas, use las hojas frescas siempre que le sea posible. Para decorar, debe picar las hojas y añadirlas en el último momento para que conserven su color y sabor intactos. Si no tiene jardín, puede optar por unas macetas con hierbas en el alféizar (en un clima inestable, es incluso preferible para algunas variedades como la albahaca).

Una de las tendencias más apasionantes de la cocina popular de los últimos años ha consistido en el uso de salsas como aderezos de ensaladas, especialmente acompañando platos de judías como base. Una mezcla tan simple como naranja, tomates, cebolletas y semillas de mostaza tostadas con cilantro fresco y chile picado puede añadir una atractiva explosión de sabor, textura y color a un estofado o a un plato al horno.

Reducir grasas

En ningún caso debe suprimir por completo la grasa de su dieta, puesto que es esencial para mantener una piel sana, producir energía y mantener los órganos «engrasados», recubriéndolos con una capa protectora. A pesar de ello, el exceso de grasa ocasiona problemas y tiende a acumularse si se consume en desproporción.

Las ventajas de la fruta sobre postres con grasas refinadas son numerosas. Además de no tener grasas, proporcionan vitaminas esenciales, minerales y fibra.

Es cierto que la grasa está presente en todos los alimentos, pero especialmente en las proteínas animales. El queso es un producto rico en grasa concentrada y es recomendable comer una pequeña cantidad de queso curado que mucha cantidad de queso poco curado. Es muy importante no caer en la tentación de comer queso dos o tres veces al día; existen otras formas de dar sabor a la comida y pueden utilizarse otros alimentos para sándwiches, rellenos y aperitivos.

Los vegetarianos consumen frutos secos con asiduidad, pero éstos contienen grandes cantidades de aceite rico en grasa. Es conveniente adaptar las recetas que incluyan frutos secos fritos o dorados, y sustituirlos por frutos tostados en sartenes secas o al grill para evitar añadir más aceite al cocinarlos.

El uso de abundantes hierbas frescas puede compensar la falta de sabor de una dieta baja en grasas.

Grasas sabrosas

Las grasas, entre las que se cuentan las pastas para extender y los aceites, pueden dividirse en las siguientes tres categorías. Las grasas saturadas, que a temperatura ambiente suelen ser sólidas y proceden sobre todo de productos cárnicos, aunque las grasas de los aceites de coco y palma también se incluyen dentro de esta categoría, tienden a aumentar el nivel de colesterol por encima de lo recomendable para disfrutar de tejidos y hormonas sanas, y pueden provocar arteriosclerosis e incluso un ataque cardiaco.

Las grasas poliinsaturadas son normalmente vegetales, líquidas a temperatura ambiente y no afectan al colesterol. Incluyen los aceites vegetales más comunes y las margarinas que lo indican claramente, como por ejemplo las de girasol.

Las grasas monoinsaturadas son las que han recibido más publicidad en los últimos años, ya que el aceite de oliva es uno de los elementos clave de este grupo, al que también pertenecen los aguacates y el aceite de cacahuete; y se ha demostrado que poseen un efecto beneficioso sobre el colesterol.

Por tanto, parece lógico sugerir que el aceite de oliva es bueno para la salud y debe estar presente en una dieta sana, aunque no debe considerarse una invitación para bañar todos los alimentos en este néctar delicioso que no deja de contener grasas y, por tanto, numerosas calorías.

Saltear para la salud

Los días en los que se enviaba a los hijos a estudiar fuera con un microondas han pasado; ahora quieren un *wok* (cazuela china de base redonda). Los sofritos con poco aceite son baratos y sacian el apetito al tiempo que incorporan una gran variedad de vegetales coloridos y crujientes, y salsas picantes elaboradas utilizando tan sólo una o dos cucharadas de aceite. El secreto reside en tener todos los ingredientes preparados, cortados en pedazos de tamaño similar, antes de empezar a freírlos. Se calienta el *wok* con antelación, se añade poca cantidad de aceite y, después, los vegetales, que se cocinan dos o tres minutos y se sirven con arroz o fideos largos.

Antojos y variedad

Que una tarta o un pudín estén hechos con ingredientes ricos en fibra no significa que sean sanos. Muchos de ellos tienen una gran proporción de grasas y azúcares y están repletos de calorías. A nadie le amarga un dulce de vez en cuando, pero, mientras que un adolescente que desarrolla mucha actividad puede permitirse devorar estos alimentos sin aumentar ni un centímetro la cintura, para la mayoría el efecto en la silueta es poco atractivo y debe reservarse solamente para ocasiones especiales.

Una dieta vegetariana sana es colorida, creativa y divertida. Atrévase a inventar combinaciones exóticas y a cruzar los límites de lo convencional mezclando ensaladas, salsas y condimentos aromatizantes con estofados y platos al horno. Y recuerde que una dieta sana es una dieta variada, así que experimente con la enorme variedad de alimentos frescos y secos que pueden adquirirse.

CONTENIDO DE GRASAS Y COLESTEROL DE LOS ALIMENTOS		
	grasa g/100g	colesterol mg/100g
Leche y productos lácteos		
Leche de vaca		
fresca, entera	3,8	14
UHT entera	3,8	14
fresca desnatada	0,1	2
Leche de cabra	4,5	—
Nata		
nata líquida	21,2	66
nata entera	35	100
Queso		
tipo Camembert	23,2	72
tipo Cheddar	33,5	70
tipo Cheddar, bajo en grasas	16	depende
tipo Cheddar con aceite de girasol	33	más de 5
requesón bajo en grasas	4	13
crema de queso	47,4	94
Yogur desnatado		
natural	1	7
con frutas	1	6
Grasas y aceites		
Mantequilla salada	82	70
Grasa de cerdo	99	70
Pasta para extender baja en grasas	40,7	poca cantidad
Margarina sólida	81	depende
Margarina de aceite de girasol	80	menos de 5
Aceites vegetales	99,9	poca cantidad
Huevos		
Frescos, crudos	10,9	450
Claras, crudas	poca cantidad	0
Yemas, crudas	30,5	1.260
Secos	43,3	1.780

DESAYUNOS

Desayuno crujiente

Higos escalfados con miel

Crêpes de avena

Fruta al grill con miel

Cóctel de pomelo

Muesli de albaricoque

Cóctel de plátano

Tartaletas de patata especiada

DESAYUNO CRUJIENTE

4-6 RACIONES

30 g (1 oz) de semillas de girasol

30 g (1 oz) de piñones

30 g (1 oz) de semillas de sésamo

30 g (1 oz) de azúcar moreno

75 g (3 oz) de higos secos, partidos en trozos

2 plátanos grandes

500 g (1 pt) de yogur desnatado

≈ En una sartén seca, tueste las semillas de girasol y los piñones durante 3 minutos a fuego medio. Añada las semillas de sésamo y tueste 3 minutos más, removiendo. Retire la sartén del fuego

≈ Ralle la piel de una naranja en trozos gruesos y añádala a la sartén con el azúcar y los higos secos. Remover hasta que la mezcla sea uniforme y cocínela durante 2 minutos. Déjela enfriar.

≈ Pele las naranjas, retire la capa interior blanca y córtelas en pedazos. Corte los plátanos en rodajas y mézclelos con las naranjas y el yogur. Repártalo en cuatro platos y recúbralo con la mezcla de higos. Sírvalo inmediatamente.

HECHOS NUTRICIONALES		
Por persona		
Calorías 437	Calorías procedentes de grasas 190	
		% Valor diario
Total de grasas 21 g		32%
Grasas saturadas 3 g		15%
Grasas monoinsaturadas 6 g		0%
Grasas poliinsaturadas 11 g		0%
Colesterol 5 mg		1,6%
Sodio 123 mg		5%
Total carbohidratos 51 g		17%
Fibra dietética 7 g		28%
Azúcares 47 g		0%
Proteínas 14 g		0%

El tanto por ciento del valor diario se basa en una dieta de 2.000 calorías.

HIGOS ESCALFADOS CON MIEL

4 RACIONES

1 ramita de canela

3 cucharadas de miel blanca

250 ml (8 fl oz) de agua o zumo de naranja

450 g (1 lb) de higos semisecos

500 g (8 oz) de yogur natural desnatado

≈ Coloque la ramita de canela, la miel y el agua o el zumo de naranja en una cacerola poco profunda y cocine hasta que hierva. Añada los higos y déjelo hervir a fuego lento 20 minutos, removiendo de vez en cuando. Apártela del fuego y déjela enfriar.

≈ Retire los higos con una espumadera. Mezcle el yogur con el líquido mezclándolo bien. Vierta el líquido en una fuente y añada los higos.

HECHOS NUTRICIONALES		
Por persona		
Calorías 262	Calorías procedentes de grasas 18	
		% Valor diario
Total de grasas 3 g		3%
Grasas saturadas 0,2 g		1%
Grasas monoinsaturadas 0 g		0%
Grasas poliinsaturadas 0,1 g		0%
Colesterol 2 mg		0,6%
Sodio 100 mg		4%
Total carbohidratos 59 g		20%
Fibra dietética 10 g		40%
Azúcares 59 g		0%
Proteínas 6 g		0%

El tanto por ciento del valor diario se basa en una dieta de 2.000 calorías.

CRÊPES DE AVENA

4 RACIONES

Como todos los crêpes, los de avena pueden congelarse sin problema, por lo que es una buena idea hacer el doble y guardar parte de ellos.

90 g (3¼ oz) de copos de avena

45 g (1½ oz) de harina de trigo

Una pizca de sal

1 cucharadita de ralladura de naranja

200 ml (7 fl oz) de zumo de naranja

200 ml (7 fl oz) de leche desnatada

2 claras de huevos, ligeramente
  batidas

Aceite

2 cucharadas de azúcar moreno clara
  sin refinar

Relleno

225 g (8 oz) de requesón desnatado

225 g (8 oz) de uvas pasas
  deshuesadas

1 cucharadita de ralladura de naranja

Decoración

Gajos de naranja

≈ Mezcle en un tazón los copos de avena, la harina, la sal y la ralladura de naranja. Vierta el zumo de naranja y la leche de forma gradual, batiendo constantemente. Añada las claras. Unte ligeramente una sartén antiadherente con aceite y caliéntela a fuego medio. Use la cantidad de masa necesaria para cubrir la base de la sartén.

≈ Fría el crêpe hasta que haga pompas y se tueste por la parte de abajo. Déle la vuelta y fría la otra parte.

≈ Fría el resto de la masa del mismo modo. La masa sirve para entre 8 y 10 crêpes.

≈ Mezcle el requesón, las uvas pasas y las ralladuras de naranja para el relleno. Extienda unas dos cucharadas de la mezcla sobre cada crêpe y enróllelos. Una vez preparados, tápelos y guárdelos en la nevera toda la noche.

≈ Seleccione la temperatura media del grill. Coloque los crêpes en una fuente para horno y espolvoréelos con azúcar. Tuéstelos hasta que se caramelice el azúcar y sírvalos calientes, decorados con los gajos de la naranja.

HECHOS NUTRICIONALES

Por persona
Calorías 350   Calorías procedentes
                      de grasas 36

	% Valor diario
Total de grasas 4 g	6%
Grasas saturadas 2 g	10%
Grasas monoinsaturadas 1 g	0%
Grasas poliinsaturadas 1 g	0%
Colesterol 8 mg	3%
Sodio 304 mg	13%
Total carbohidratos 69 g	23%
Fibra dietética 4 g	16%
Azúcares 56 g	0%
Proteínas 14 g	0%

El tanto por ciento del valor diario se basa en una dieta de 2.000 calorías.

FRUTA AL GRILL CON MIEL

4 RACIONES

Presente los cítricos de modo original (gratinados) y sírvalos bien calientes en una salsa dorada de miel.

2 pomelos, pelados y en gajos

3 naranjas, peladas y en gajos

6 cucharadas de miel

2 cucharaditas de azúcar moreno sin refinar

1 cucharada de margarina poliinsaturada

Decoración

2 cucharadas de menta picada

≈ Coloque los gajos de los pomelos y las naranjas en una sola capa en una fuente para el horno. En un cazo, caliente la miel, el azúcar y la margarina hasta que se derritan. Remueva para que se mezcle bien y viértalo sobre la fruta.

≈ Gratine la fruta durante unos 4 minutos hasta que los gajos empiecen a tostarse y la salsa comience a hacer burbujas. Espolvoréela con la menta y sírvala inmediatamente. Puede acompañarse con yogur natural desnatado frío.

HECHOS NUTRICIONALES	
Por persona	
Calorías 237	Calorías procedentes de grasas 27
	% Valor diario
Total de grasas 3 g	5%
Grasas saturadas 1 g	5%
Grasas monoinsaturadas 1 g	0%
Grasas poliinsaturadas 1 g	0%
Colesterol 0 mg	0%
Sodio 42 mg	1,8%
Total carbohidratos 53 g	18%
Fibra dietética 5,5 g	22%
Azúcares 53 g	0%
Proteínas 2,5 g	0%

El tanto por ciento del valor diario se basa en una dieta de 2.000 calorías.

2 pomelos grandes y jugosos

115 g (4 oz) de uvas verdes sin pepitas

2 kiwis pelados, partidos a la mitad y cortados en rodajas

4 ramilletes de menta

HECHOS NUTRICIONALES

Por persona	
Calorías 72	Calorías procedentes de grasas 5

	% Valor diario
Total de grasas 0,5 g	0,8%
Grasas saturadas 0 g	0%
Grasas monoinsaturadas 0 g	0%
Grasas poliinsaturadas 0 g	0%
Colesterol 0 mg	0%
Sodio 6 mg	0,25%
Total carbohidratos 17 g	6%
Fibra dietética 1,5 g	6%
Azúcares 17 g	0%
Proteínas 1,5 g	0%

El tanto por ciento del valor diario se basa en una dieta de 2.000 calorías.

CÓCTEL DE POMELO

4 RACIONES

El pomelo, al igual que otros cítricos, parece reducir el ritmo de metabolización del azúcar. En esta receta se transforma la fruta en un cóctel de vitalidad para empezar el día o una comida.

≈ Pele los pomelos y quite la capa blanca que los recubre. Sostenga la fruta encima de un recipiente y con un cuchillo de sierra afilado haga un corte en el medio, separando la pulpa y retirando las membranas. A continuación recoja todo el zumo.

≈ Mezcle con el pomelo uvas pequeñas enteras o uvas grandes partidas a la mitad. Añada el kiwi y la menta y mézclelo todo con suavidad.

3 cucharadas de aceite de girasol

6 cucharadas de miel blanca

140 g (5 oz) de copos de avena

90 g (3¼ oz) de copos de avena gigantes

75 g (3 oz) de avellanas partidas

75 g (3 oz) de pipas peladas

75 g (3 oz) de uvas pasas

200 g (7 oz) de albaricoques secos, partidos

HECHOS NUTRICIONALES

Por persona	
Calorías 194	Calorías procedentes de grasas 80

	% Valor diario
Total de grasas 9 g	14%
Grasas saturadas 1 g	5%
Grasas monoinsaturadas 4 g	0%
Grasas poliinsaturadas 4 g	0%
Colesterol 0 mg	0%
Sodio 11 mg	0,5%
Total carbohidratos 26 g	9%
Fibra dietética 4 g	16%
Azúcares 13 g	0%
Proteínas 4 g	0%

El tanto por ciento del valor diario se basa en una dieta de 2.000 calorías.

MUESLI DE ALBARICOQUE

8 RACIONES

La composición del muesli puede variarse, sustituyendo unos frutos secos y semillas por otros y utilizando otros frutos secos. No guarde el muesli hasta que se haya enfriado por completo para evitar que los ingredientes se ablanden.

≈ Encienda el horno a 160 °C (325 °F) o en la posición 2. Derrita la miel y el aceite en un cazo a fuego lento. Añada los copos, los frutos secos partidos y las semillas. Mézclelo bien y retírelo del fuego inmediatamente.

≈ Esparza la mezcla en una bandeja para horno y hornéelo durante 25 minutos, removiendo de vez en cuando con una cuchara de madera.

≈ Saque la bandeja del horno, añada los albaricoques troceados y déjelo enfriar. Cuando se haya enfriado totalmente, guárdelo en un tarro al vacío en la nevera.

≈ Puede servir el muesli con una tentadora variedad de productos lácteos y zumos de frutas. Pruebe con suero de leche o yogur natural desnatado mezclado a partes iguales con naranja, manzana, zumo de piña o sólo con zumo de fruta.

CÓCTEL DE PLÁTANO

4 RACIONES

Ésta es una nutritiva "bebida de cuchara" ideal para los que tienen prisa.

210 g (7 ½ oz) de copos de avena

175 ml (6 oz) de leche desnatada

4 cucharadas de miel blanca

2 manzanas, peladas, sin corazón y
    rallada

2 plátanos medianos, en tiras finas

zumo de 1 limón

zumo de 1 naranja

2 cucharaditas de cáscara rallada de
    naranja

500 g (8 oz) de yogur natural
    desnatado

Decoración

4 cucharaditas de azúcar moreno o
    muscovado

2 cucharaditas de bayas frescas o
    congeladas, o trocitos de naranja

HECHOS NUTRICIONALES		
Por persona		
Calorías 328	Calorías procedentes de grasas 27	
	% Valor diario	
Total de grasas 3 g		5%
Grasas saturadas 1 g		5%
Grasas monoinsaturadas 1 g		0%
Grasas poliinsaturadas 1 g		0%
Colesterol 4 mg		1,3%
Sodio 98 mg		4%
Total carbohidratos 70 g		23%
Fibra dietética 5 g		20%
Azúcares 53 g		0%
Proteínas 9 g		0%

El tanto por ciento del valor diario se basa en una dieta de 2.000 calorías.

≈ Deje en remojo los copos de avena en la leche toda la noche. Por la mañana, mezcle con el resto de los ingredientes y reparta la mezcla en cuatro copas de helado.

≈ Espolvoree 1 cucharadita de azúcar sobre cada vaso y decore con la fruta que tenga disponible. Lo puede acompañar con un pastel de avena escocés.

20

TARTALETAS DE PATATA ESPECIADA

4 RACIONES

Si prepara la mezcla para las tartaletas por adelantado, se podrá hacer más rápidamente al día siguiente en una sartén antiadherente. Las tartaletas resultan deliciosas si se sirven con tomates asados.

≈ Deje en remojo las patatas en agua fría unos 30 minutos para quitar parte de la fécula. Escurra, aclare y séquelas, y después rállelas gruesamente dentro de un recipiente hondo.

≈ Mezcle la harina, los copos de avena, la cebolla y el curry, y sazónelo con sal. Añada la leche y dé forma redondeada. Sepárelo en porciones iguales.

≈ Embadúrnese las manos de harina y haga círculos con las porciones. Reboce las tartaletas de patata en harina por todos los lados. Barnice ligeramente la sartén antiadherente con aceite, y caliéntelo a temperatura media. Fría las tartaletas de patata durante 4-5 minutos por cada lado, hasta que se doren. Sírvalas calientes y adórnelas con perejil.

675 g (1 ½ lb) de patatas, peladas o ralladas

2 cucharadas de harina integral, y un poquito más para espolvorear

2 cucharadas de cereales 100% de salvado, triturado

1 cebolla pequeña, rallada

2 cucharadas de perejil picado

1-2 cucharaditas de curry en polvo

sal

3 cucharadas de leche desnatada

aceite, para barnizar

Decoración

Ramitas de perejil

HECHOS NUTRICIONALES		
Por persona		
Calorías 176	Calorías procedentes de grasas 9	
		% Valor diario
Total de grasas 1 g		1,5%
Grasas saturadas 0,1 g		0,5%
Grasas monoinsaturadas 0,3 g		0%
Grasas poliinsaturadas 0 g		0%
Colesterol 0 mg		0%
Sodio 51 mg		2%
Total carbohidratos 39 g		13%
Fibra dietética 6 g		24%
Azúcares 3 g		0%
Proteínas 6 g		0%

El tanto por ciento del valor diario se basa en una dieta de 2.000 calorías.

Entrantes, sopas y ensaladas

Ensalada de pasta mediterránea

Borscht

Lechos de pepino con frutos secos

Champiñones cremosos con ajo

Ensalada de tomate y albahaca

Revuelto de quimbombó

Ensaladilla

Salsa picante con champiñones

Setas aliñadas

Sopa italiana de judías y pasta

Aperitivo crujiente de judías y maíz

Ensalada de aguacate y granada

Sopa de champiñones y judiones

Sopa de lentejas y cebolla al limón

ENSALADA DE PASTA MEDITERRÁNEA

4 RACIONES

Con la tradicional combinación de menta y limón, esta ensalada es un plato ideal para el verano. Elija su pasta favorita y sírvala con pan de pita templado para mojar en la deliciosa salsa.

340 g (¾ lb) de pasta

1 chorro de aceite de oliva

420 g (14 oz) de guisantes escurridos

4 cucharadas (4 tbsp) de menta fresca troceada

La ralladura de 1 limón

Aliño

3 dientes de ajo machacados

4 cucharadas de aceite de oliva virgen extra

3 cucharadas de vinagre de vino blanco

Zumo de 1 limón

Sal y pimienta negra molida

≈ Hierva una olla de agua y añada la pasta con un chorro de aceite de oliva. Cocine durante unos 10 minutos, removiendo de vez en cuando hasta que esté blanda. Escurra la pasta y pásela por agua fría. Escúrrala de nuevo y póngala en una fuente.

≈ Añadir los guisantes, la menta y la ralladura de limón a la pasta. Coloque los ingredientes en un tarro de rosca y agite bien. Vierta el aliño sobre los guisantes y mézclelo bien. Cubra la pasta y déjela enfriar durante al menos 30 minutos. Mezcle la ensalada antes de servirla.

HECHOS NUTRICIONALES	
Por persona	
Calorías 528	Calorías procedentes de grasas 144
	% Valor diario
Total de grasas 16 g	25%
Grasas saturadas 2,5 g	12,5%
Grasas monoinsaturadas 9 g	0%
Grasas poliinsaturadas 3 g	0%
Colesterol 0 mg	0%
Sodio 230 mg	10%
Total carbohidratos 83 g	28%
Fibra dietética 10 g	40%
Azúcares 2 g	0%
Proteínas 18 g	0%

El tanto por ciento del valor diario se basa en una dieta de 2.000 calorías.

BORSCHT

6 RACIONES

El borscht, la quintaesencia de la cocina rusa, es una sopa sana y sabrosa que puede servirse caliente o fría, dependiendo de la ocasión. La remolacha es un vegetal naturalmente dulce con un sabor único.

2 cebollas grandes

3 remolachas grandes

3 zanahorias grandes

2 chirivías

4 ramas de apio

3 cucharadas de salsa de tomate

4 tomates grandes

½ repollo pequeño en tiras

1 cucharada de miel

1 cucharada de zumo de limón

Sal y pimienta negra molida

1 puñado de perejil cortado fino

Harina

Nata líquida baja en calorías o yogur

≈ Corte en juliana las cebollas, las remolachas, las zanahorias, las chirivías y el apio. Hierva una olla de agua con sal y añada el puré de tomate y los vegetales; hervir a fuego lento durante 30 minutos.

≈ Pele los tomates, quite las semillas y trocee los tomates. Añada a la olla, con el repollo, la miel, el zumo de limón y el aderezo. Hierva durante 5 minutos y añada un puñado de perejil cortado fino. Compruebe de sal.

≈ Si fuese necesario, espese la sopa con una mezcla de harina y nata líquida baja en calorías. Es conveniente preparar la sopa el día anterior, recalentarla y servirla con nata líquida o yogur.

HECHOS NUTRICIONALES	
Por persona	
Calorías 97	Calorías procedentes de grasas 9
	% Valor diario
Total de grasas 1 g	1,5%
Grasas saturadas 0,3 g	1,5%
Grasas monoinsaturadas 0,3 g	0%
Grasas poliinsaturadas 0,4 g	0%
Colesterol 1 mg	0,3%
Sodio 76 mg	3%
Total carbohidratos 19 g	6%
Fibra dietética 6 g	24%
Azúcares 15 g	0%
Proteínas 4 g	0%

El tanto por ciento del valor diario se basa en una dieta de 2.000 calorías.

LECHOS DE PEPINO CON FRUTOS SECOS

4 RACIONES

Un comienzo perfecto para una comida al aire libre o para un día caluroso.

20 cm (8 inch) de pepinos cortados a la mitad longitudinalmente

60 g (2 oz) de piñones tostados

115 g (4 oz) de requesón

4 tomates medianos, pelados, sin semillas y troceados

2 cucharillas de eneldo cortado fino

1 cucharita de menta troceada

Decoración

Hojas de lechuga

Eneldo

Mezcle el relleno sólo unos minutos antes de servir. Si no, los piñones se ablandarán y no estarán crujientes.

≈ Vacíe los centros de los pepinos y córtelos en trozos de 5 cm (2 inch).

≈ Unos minutos antes de servirlos, mezcle los piñones, el requesón, los tomates, el eneldo y la menta. Vierta una cucharada de la mezcla en la cuña de cada pepinillo.

≈ Coloque las «barcas» de pepino en un lecho de hojas de lechuga, decórelos con el eneldo y sírvalos inmediatamente.

HECHOS NUTRICIONALES		
Por persona		
Calorías 102	Calorías procedentes de grasas 63	
		% Valor diario
Total de grasas 7 g		11%
Grasas saturadas 1 g		5%
Grasas monoinsaturadas 2 g		0%
Grasas poliinsaturadas 4 g		0%
Colesterol 3 mg		1%
Sodio 105 mg		4%
Total carbohidratos 4 g		1%
Fibra dietética 2 g		8%
Azúcares 4 g		0%
Proteínas 6 g		0%

El tanto por ciento del valor diario se basa en una dieta de 2.000 calorías.

CHAMPIÑONES CREMOSOS CON AJO

4 RACIONES

Perfectos para rellenar patatas asadas.

2 cucharadas de aceite de oliva

1 diente de ajo grande machacado

2 cebolletas troceadas

Sal y pimienta negra molida

340 g (12 oz) de champiñones
   pequeños

170 g (6 oz) de crema de queso
   desnatada

Una pizca de perejil troceado
   (opcional)

≈ Caliente el aceite en una cacerola grande. Añada el ajo, las cebolletas y el aderezo y cocine durante 2 minutos. Añada los champiñones y remuévalos a fuego alto durante un par de minutos hasta que estén calientes. No cocine los champiñones hasta que suelten el líquido, porque quedarían aguados.

≈ Rebane parte de los champiñones (como un pequeño pozo). Añada la crema de queso y remueva durante unos segundos hasta que empiece a ablandarse. Mezcle los champiñones con el queso gradualmente, hasta que queden bien cubiertos.

≈ Divídalos en platos individuales y decórelos con perejil troceado si se desea. Sírvalo inmediatamente con pan integral templado o tostado.

≈ También puede colocar los champiñones en una fuente, cubrirlos y dejarlos enfriar antes de servirlos.

HECHOS NUTRICIONALES	
Por persona	
Calorías 141	Calorías procedentes de grasas 108
	% Valor diario
Total de grasas 12 g	18%
Grasas saturadas 5 g	25%
Grasas monoinsaturadas 6 g	0%
Grasas poliinsaturadas 1 g	0%
Colesterol 18 mg	6%
Sodio 5 mg	0,2%
Total carbohidratos 2 g	0,6%
Fibra dietética 1,5 g	6%
Azúcares 2 g	0%
Proteínas 6 g	0%

El tanto por ciento del valor diario se basa en una dieta de 2.000 calorías.

ENSALADA DE TOMATE Y ALBAHACA

4 RACIONES

Aproveche los tomates maduros y la abundancia de albahaca en verano para esta ensalada fresca y elegante pero simple. Aderécela con su salsa favorita baja en calorías.

4 tomates maduros, en rodajas

Una ramita de albahaca fresca

4-6 rodajas finas de cebolla roja

Sal al gusto

Pimienta negra recién molida

Queso tipo mozzarella desnatado

≈ Corte los tomates en rodajas, sálelos y déjelos secar sobre papel de cocina durante 20 minutos.

≈ Lave las hojas de albahaca y séquelas bien con papel de cocina o una centrifugadora de ensalada. Separe las hojas de los tallos, coloque en una fuente una fina capa de hojas y corónela con la mitad de las rodajas de tomate. Separe los aros de cebolla y esparza la mitad sobre los tomates. Añada otra capa de albahaca, tomates y cebolla. Espolvoree ligeramente con pimienta negra y decore con alguna hoja de albahaca.

≈ Otra posibilidad consiste en coronar los tomates con finas lonchas de queso.

HECHOS NUTRICIONALES	
Por persona	
Calorías 52	Calorías procedentes de grasas 22
	% Valor diario
Total de grasas 2,5 g	4%
Grasas saturadas 1,5 g	7,5%
Grasas monoinsaturadas 0,7 g	0%
Grasas poliinsaturadas 0,3 g	0%
Colesterol 7 mg	2%
Sodio 71 mg	3%
Total carbohidratos 4 g	1%
Fibra dietética 2 g	8%
Azúcares 4 g	0%
Proteínas 3,5 g	0%

El tanto por ciento del valor diario se basa en una dieta de 2.000 calorías.

REVUELTO DE QUIMBOMBÓ

2 RACIONES

115 g (4 oz) de quimbombó

1 cucharada de aceite

115 g (4 oz) de cebollas troceadas

¼ cucharadita de semillas de comino

4 cucharadas de tomate troceado

Una pizca de cúrcuma

¼ cucharadita de chile en polvo

½ cucharadita de sal

Pimienta negra molida

2 cucharaditas de zumo de limón

3 huevos grandes

3 dientes de ajo, troceados

1 cebolleta, troceada muy fina

≈ Enjuague el quimbombó y séquelo bien; corte los extremos y trocee cada uno en 3 o 4 rodajas.

≈ Caliente el aceite a fuego medio en una sartén antiadherente con tapa. Cuando la cebolla esté blanda añada las semillas de comino.

≈ Añada el quimbombó, el tomate, la cúrcuma, el chile y la mitad de la sal. Remueva y deje que se cocinen los vegetales en su propio líquido, cubriendo la sartén con la tapa durante 10 o 12 minutos a fuego lento. Eche un poco de pimienta molida sobre los vegetales y el zumo de limón.

≈ Bata los huevos en una fuente con dos cucharadas de agua. Añada el ajo, la cebolleta y el resto de la sal y remueva.

≈ Vierta el huevo batido sobre los vegetales en la sartén y cuando el huevo empiece a cuajar, mézclelo todo y remueva hasta que esté cocinado. Sírvalo inmediatamente.

HECHOS NUTRICIONALES		
Por persona		
Calorías 221	Calorías procedentes de grasas 144	
	% Valor diario	
Total de grasas 16 g	25%	
Grasas saturadas 3,5 g	17,5%	
Grasas monoinsaturadas 6 g	0%	
Grasas poliinsaturadas 5 g	0%	
Colesterol 357 mg	119%	
Sodio 139 mg	6%	
Total carbohidratos 6 g	2%	
Fibra dietética 4 g	16%	
Azúcares 5 g	0%	
Proteínas 14 g	0%	

El tanto por ciento del valor diario se basa en una dieta de 2.000 calorías.

ENSALADILLA

6 RACIONES

En Escandinavia, esta ensalada recibe el nombre de rosolli *y suele tomarse como piscolabis la mañana de Nochebuena.*

7 remolachas frescas

5 patatas

7 zanahorias

2 manzanas

2 cebollas medianas

3 manojos de eneldo fresco o 1½ cucharaditas de semillas de eneldo

Sal

Mayonesa baja en grasas (opcional)

HECHOS NUTRICIONALES	
Por persona	
Calorías 85	Calorías procedentes de grasas 4
	% Valor diario
Total de grasas 0,4 g	0,6%
Grasas saturadas 0,1 g	0,5%
Grasas monoinsaturadas 0 g	0%
Grasas poliinsaturadas 0,2 g	0%
Colesterol 0 mg	0%
Sodio 50 mg	2%
Total carbohidratos 19,5 g	6,5%
Fibra dietética 5 g	20%
Azúcares 13,5 g	0%
Proteínas 2 g	0%

El tanto por ciento del valor diario se basa en una dieta de 2.000 calorías.

≈ Hierva la remolacha y las patatas con piel y las zanahorias hasta que esté todo tierno. Guárdelo en la nevera durante 2 o 3 horas.

≈ Pele los vegetales cocidos. Trocee los vegetales, las manzanas, las cebollas y el eneldo.

≈ Mézclelo bien y aliñe la ensalada con sal, removiéndola varias veces. Sirva con mayonesa baja en contenido graso.

SALSA PICANTE CON CHAMPIÑONES

4 RACIONES

1 diente de ajo, troceado

1 cucharadita de jengibre fresco, machacado

1 cucharadita de hierba limón, piel de limón machacada o rallada

1 cucharadita de cilantro fresco picado

1 cucharadita de aceite de sésamo

16 champiñones blancos

Salsa

3 cucharaditas de cacahuetes tostados

1 guindilla, picada en trozos muy menudos

1 diente de ajo, picado

1 cucharadita de menta, picada en trozos muy menudos

1 cucharadita de zumo de limón o zumo de lima

3 cucharaditas de salsa de soja líquida mezclada con 1 cucharadita de pasta de anchoas

2 cucharaditas de aceite de sésamo

250 ml (3 fl oz) de leche desnatada

≈ Mezcle el ajo, el jengibre, la hierba limón, el cilantro y el aceite de sésamo. Deje reposar los champiñones en la mezcla durante tres o cuatro horas, dándoles la vuelta con frecuencia.

≈ Prepare la salsa mezclando y machacando todos los ingredientes juntos, salvo la leche desnatada. Le quedará una pasta. Remuévala con la leche desnatada.

≈ Coloque los champiñones en cuatro pinchos. Póngalos en la barbacoa o en la parrilla durante unos 3 minutos por cada lado, mojándolos con el adobo. Servir calientes con la salsa.

HECHOS NUTRICIONALES	
Por persona	
Calorías 137	Calorías procedentes de grasas 108
	% Valor diario
Total de grasas 12 g	18%
Grasas saturadas 2 g	10%
Grasas monoinsaturadas 5 g	0%
Grasas poliinsaturadas 5 g	0%
Colesterol 1 mg	0,3%
Sodio 345 mg	14%
Total carbohidratos 3 g	1%
Fibra dietética 1,5 g	6%
Azúcares 2 g	0%
Proteínas 4 g	0%

El tanto por ciento del valor diario se basa en una dieta de 2.000 calorías.

SETAS ALIÑADAS

4 RACIONES

A quí se utilizan setas silvestres, pero este plato sale igual de bueno con setas cultivadas. Sírvalas con pan integral tostado.

900 g (2 libras) de setas
(preferiblemente incluyendo
champiñones portobello), limpios

1 cebolla, troceada muy fina

2 cucharaditas de aceite de oliva

½ guindilla, despepitada y troceada,
o pimentón picante, según gustos

2 dientes de ajo, picados muy finos

Sal y pimienta negra fresca
machacada

50 ml (2 fl oz) de vino blanco seco

1 cucharadita de brandy

2 cucharaditas de perejil machacado

HECHOS NUTRICIONALES	
Por persona	
Calorías 118	Calorías procedentes de grasas 63
	% Valor diario
Total de grasas 7 g	11%
Grasas saturadas 1 g	5%
Grasas monoinsaturadas 4 g	0%
Grasas poliinsaturadas 1 g	0%
Colesterol 0 mg	0%
Sodio 14 mg	0,6%
Total carbohidratos 3 g	1%
Fibra dietética 1,5 g	6%
Azúcares 2 g	0%
Proteínas 5 g	0%

El tanto por ciento del valor diario se basa en una dieta de 2.000 calorías.

≈ Fría la cebolla en el aceite en una cacerola apta para cocinar al horno, añada el ajo y la guindilla o el pimentón picante una vez se haya ablandado.

≈ Añada las setas cortadas y fríalas hasta que se hayan ablandado. Condimente con el vino y el brandy. Siga cocinándolas hasta reducir un poco el líquido, añada el perejil y listas para servir.

SOPA ITALIANA DE JUDÍAS Y PASTA

6 RACIONES

La sopa de judías es todo un clásico y el aderezo varía de una receta a otra. Un caldo denso y sabroso siempre es una buena forma de empezar una comida ligera. Esta sopa judeo-italiana se aromatiza con salvia, romero y albahaca.

340 g (12 oz) de alubias blancas previamente puestas a remojar durante unas 8 horas

2 cucharadas de aceite de oliva

1 cebolla, partida fina

1 manojo de apio troceado fino

1 zanahoria en rodajas finas

450 g (1 lb) de tomates frescos, pelados, despepitados y troceados, o 2 latas de 400 g (8 oz) de tomate entero pelado, sin líquido y troceados

3-4 dientes de ajo, pelados y machacados

2 cubitos de caldo vegetal desmenuzados

2 hojas de laurel

2 cucharaditas de romero machacado

1 cucharadita de salvia machacada

140 g (5 oz) de pasta de tamaño pequeño, como fusilli

3 cucharadas de perejil fresco troceado

3 cucharadas de hojas de albahaca fresca cortadas en juliana

Sal y pimienta negra molida

Decoración

Hojas frescas de albahaca

≈ Escurra las alubias y échelas en una cacerola u olla grande con tapa, con 1 litro de agua. Caliéntelas a fuego rápido hasta que el agua empiece a hervir. Si se formase espuma en la superficie quítela, baje el fuego y hierva las alubias a fuego lento hasta que estén tiernas, durante 1 hora o 1 hora y media. De vez en cuando, añada un poco de agua de modo que las alubias siempre estén cubiertas.

≈ En otra cacerola grande, caliente el aceite de oliva a fuego medio. Añada la cebolla troceada y fríala durante 4 o 5 minutos hasta que esté tierna. Añada el apio troceado y las zanahorias en rodajas y fríalo todo durante 4 o 5 minutos

más. Añada los tomates troceados, el ajo, los cubitos de caldo, el laurel, el romero y la salvia, y suba el fuego hasta que empiece a hervir.

≈ Cocine sin tapa durante 5 minutos o hasta que los vegetales estén tiernos. Añada las alubias cocidas y 1 litro de caldo o agua.

≈ Caliente la sopa hasta que hierva. Añada la pasta y cuézalo sin tapa durante 8 o 10 minutos o hasta que la pasta esté lista. Añada el perejil troceado y la albahaca en juliana y sal y pimienta negra molida al gusto. Decore cada plato con una hoja de albahaca fresca.

HECHOS NUTRICIONALES	
Por persona	
Calorías 184	Calorías procedentes de grasas 45
	% Valor diario
Total de grasas 5 g	8%
Grasas saturadas 1 g	5%
Grasas monoinsaturadas 3 g	0%
Grasas poliinsaturadas 1 g	0%
Colesterol 0 mg	0%
Sodio 25 mg	1%
Total carbohidratos 29 g	10%
Fibra dietética 8 g	32%
Azúcares 5 g	0%
Proteínas 8 g	0%

El tanto por ciento del valor diario se basa en una dieta de 2.000 calorías.

APERITIVO CRUJIENTE DE JUDÍAS Y MAÍZ

4 RACIONES

Si se presenta con estilo, este plato tan sencillo incorpora una estupenda mezcla de texturas y sabores; puede servirse como ensalada en un buffet frío.

225 g (½ lb) de judías verdes peladas

450 g (16 oz) de maíz en lata escurrido

Sal y pimienta negra molida

1 cucharadita de menta troceada

1 cucharadita de cilantro troceado

Decoración

Brotes de cilantro o menta

HECHOS NUTRICIONALES	
Por persona	
Calorías 105	Calorías procedentes de grasas 9
	% Valor diario
Total de grasas 1 g	1,5%
Grasas saturadas 0,2 g	1%
Grasas monoinsaturadas 0,2 g	0%
Grasas poliinsaturadas 0,5 g	0%
Colesterol 0 mg	0%
Sodio 203 mg	8,5%
Total carbohidratos 22 g	7%
Fibra dietética 3 g	12%
Azúcares 8,5 g	0%
Proteínas 3 g	0%

El tanto por ciento del valor diario se basa en una dieta de 2.000 calorías.

≈ Corte las judías en trozos de unos 5 cm longitudinalmente y póngalas en una cacerola con agua hirviendo. Cuézalas durante 3 minutos, añada el maíz y cuézalo hasta que estén tiernas, pero crujientes.

≈ Escurra bien los vegetales y alíñelos al gusto. Mézclelos con coco, menta y cilantro y sírvalos en fuentes adornando cada una de ellas con un ramillete de hierbas aromáticas.

ENSALADA DE AGUACATE Y GRANADA

4 RACIONES

Los aguacates suelen tener mucho éxito y se utilizan en numerosas ensaladas y aperitivos. En esta ensalada, las granadas y las naranjas se mezclan a la perfección. Es un primer plato o acompañante muy original.

≈ Bata en una fuente pequeña el vinagre, el zumo de naranja, sal y pimienta al gusto y la miel. Vaya añadiendo, sin dejar de batir, el aceite de oliva y los aceites vegetales hasta que el aliño esté espeso y cremoso. Añada la menta troceada y déjelo reposar.

≈ En una fuente mediana, extraiga las semillas de la granada, añada las uvas a la mitad y mézclelo bien.

≈ Corte los aguacates por la mitad y quite los huesos. Con un cuchillo de filo redondeado, haga un corte entre la piel y la pulpa de los aguacates y quite la piel.

≈ Coloque los aguacates en la encimera con la parte redondeada hacia arriba y con un cuchillo afilado corte el aguacate en trozos de ½ cm empezando a 2,5 cm del pedúnculo y dejando éste intacto. Coloque las rodajas de aguacate en 4 platos individuales. Con la palma de la mano, apriete los aguacates con suavidad, para que se abran en abanico las rodajas. Alíñelos con el zumo de limón.

≈ Vierta una cuarta parte de la mezcla de granada y uvas en cada mitad de aguacate y con una cuchara añádalo al aliño. Decore cada plato con hojas de menta.

1 granada madura partida a la mitad

225 g (8 oz) de uvas rojas partidas a la mitad y despepitadas

2 aguacates maduros

1 cucharada de zumo de limón

Aliño

3 cucharadas de vinagre de vino blanco

2 cucharadas de zumo de naranja

Sal y pimienta negra molida

1 cucharada de miel

1 cucharadita de aceite de oliva

1 cucharada de aceite de girasol o de cacahuete

2 cucharadas de menta troceada

Decoración

Hojas de menta fresca

HECHOS NUTRICIONALES	
Por persona	
Calorías 237	Calorías procedentes de grasas 180
	% Valor diario
Total de grasas 20 g	31%
Grasas saturadas 4 g	20%
Grasas monoinsaturadas 12 g	0%
Grasas poliinsaturadas 3 g	0%
Colesterol 0 mg	0%
Sodio 6 mg	0,25%
Total carbohidratos 13 g	4%
Fibra dietética 6 g	24%
Azúcares 12 g	0%
Proteínas 2 g	0%

El tanto por ciento del valor diario se basa en una dieta de 2.000 calorías.

SOPA DE CHAMPIÑONES Y JUDIONES

4 RACIONES

Esta sopa tradicional es rica en fibra y nutrientes; los judiones son una excelente fuente de cinc y potasio.

115 g (4 oz) de judiones previamente puestas a remojo en agua fría durante la noche

1 cucharadita de aceite de girasol

2 cebollas medianas troceadas

2 pencas de apio en rodajas

225 g (½ lb) de patatas peladas y cortadas en dados

115 g (¼ lb) de champiñones pequeños pelados y en rodajas

4 cucharadas de maíz en lata escurrido

300 ml (10 fl oz) de leche desnatada

Sal y pimienta negra molida

Decoración

2 cucharadas de perejil troceado

HECHOS NUTRICIONALES	
Por persona	
Calorías 195	Calorías procedentes de grasas 27
	% Valor diario
Total de grasas 3 g	5%
Grasas saturadas 0,5 g	2,5%
Grasas monoinsaturadas 0,5 g	0%
Grasas poliinsaturadas 2 g	0%
Colesterol 2 mg	0,6%
Sodio 110 mg	4,5%
Total carbohidratos 34 g	11%
Fibra dietética 8 g	32%
Azúcares 9 g	0%
Proteínas 10 g	0%

El tanto por ciento del valor diario se basa en una dieta de 2.000 calorías.

≈ Escurra los judiones y échelos en una cacerola grande cubiertos con agua fría. Hervir a fuego rápido durante 10 minutos y después continúe cociéndolos a fuego lento durante 35-40 minutos hasta que estén blandos. Escurra los judiones y guarde ½ litro aproximadamente del caldo.

≈ Caliente el aceite en una cacerola grande y fría la cebolla a fuego medio hasta que se ablanden. Añada el apio y la patata y cuézalo todo 2 o 3 minutos, removiendo.

≈ Añada el caldo y los champiñones, déjelo hervir, tape la cacerola y continúe cociendo a fuego lento durante 10 minutos. Añada los judiones, el maíz y leche, y cuézalo hasta que hierva dejándolo durante 2 o 3 minutos. Aderece el caldo al gusto.

≈ Sirva la sopa en platos individuales, espolvoreada con el perejil.

SOPA DE LENTEJAS Y CEBOLLA AL LIMÓN

6 RACIONES

Las lentejas y la cebada son dos ingredientes fundamentales en la cocina armenia y se combinan en este plato campestre. Es un plato nutritivo para la cena o el almuerzo.

225 ml (8 fl oz) de agua

75 g (3 oz) de cebada

1 cucharada de puré de tomate

1½ l de caldo vegetal

340 g (12 oz) de lentejas lavadas y escogidas

5 cebollas, partidas en rodajas finas

1 cucharadita de semillas de anís secas

Zumo de un limón grande

Una pizca de pimentón dulce

Una pizca de pimienta de cayena

Sal y pimienta negra molida

Decoración

12 rodajas muy delgadas de limón

≈ Hierva agua en una cacerola esmaltada o de acero inoxidable. Vierta la cebada, tápela y hierva a fuego lento durante 20 o 25 minutos o hasta que la cebada esté blanda y haya absorbido el agua. Añada el puré de tomate, el caldo vegetal, las lentejas, las cebollas y el anís. Cuézalo hasta que hierva, tape la cacerola y deje cocer a fuego lento una hora o hasta que las lentejas estén blandas.

≈ Añada el zumo de limón, el pimentón, la cayena, sal y pimienta al gusto, déjelo cocer a fuego lento sin tapa durante 20 minutos. Sirva la sopa en platos hondos calientes y decore cada uno de ellos con dos rodajas gruesas de limón.

HECHOS NUTRICIONALES	
Por persona	
Calorías 113	Calorías procedentes de grasas 9
	% Valor diario
Total de grasas 1 g	1,5%
Grasas saturadas 0,1 g	0,5%
Grasas monoinsaturadas 0,1 g	0%
Grasas poliinsaturadas 0,4 g	0%
Colesterol 0 mg	0%
Sodio 15 mg	0,6%
Total carbohidratos 27 g	9%
Fibra dietética 3 g	12%
Azúcares 3,5 g	0%
Proteínas 7 g	0%

El tanto por ciento del valor diario se basa en una dieta de 2.000 calorías.

Platos principales

Hamburguesa de champiñones al horno

Patatas asadas con brócoli

Patatas con garbanzos

Pastel vegetal

Espaguetis con salsa de tomate y albahaca

Pastel de champiñones y brócoli con nueces

Zanahorias y maíz con gratinado especiado

Verduras chinas con fusilli

Salsa de tomate y champiñones

Tortilla picante de champiñones

Salsa cremosa de apio

Salsa de coliflor y calabacín

Cuscús tunecino vegetal

Pimientos rellenos de albaricoque y nueces

Ragú de calabacín

Bhaji de cinco verduras a la menta

Curry de huevo con guisantes y ajo al jengibre

Quimbombó con guindilla

Pastel de patata y tomate

Berenjena con patatas picantes

Calabacín crujiente con maíz

Tallarines de huevo tailandeses a la guindilla

Popurrí vegetal

Estofado de verduras armenio

HAMBURGUESAS DE CHAMPIÑONES AL HORNO

4 RACIONES

Estas hamburguesas vegetales pueden congelarse y cocinarse directamente.

175 ml (6 fl oz) de caldo vegetal

2 cebollas medianas, picadas finas

2 dientes de ajo machacados

225 g (½ lb) de champiñones sin piel y laminados

2 cucharadas de harina de avena

115 g (4 oz) de copos de avena

1 cucharada de puré de tomate

Sal y pimienta negra molida

2 cucharadas de nueces machacadas

2 cucharadas de menta picada

Decoración

Un poco de leche desnatada

75 g (3 oz) aproximadamente de copos de avena

Aderezo

1-2 cucharadas de menta picada

Rodajas de tomate en forma de cuña (opcional)

≈ Caliente el horno a 180 °C (350 °F) o en la posición 4. Vierta 6 cucharadas de caldo en un recipiente, añada la cebolla y el ajo y cuando empiece a hervir cuézalo a fuego lento sin tapar durante 3 o 4 minutos más, removiendo una o dos veces. Añada los champiñones y cuézalo otros 3 o 4 minutos y después añada la harina de avena y déjelo al fuego otro minuto.

≈ Añada los copos de avena y el puré de tomate y vierta gradualmente el resto del caldo, revolviendo constantemente. Aderece con sal y pimienta, y añada las nueces y la menta. Retírelo del fuego. Vierta un poco más de caldo o leche desnatada si fuese necesario clarear la mezcla y cocínelo a fuego lento durante 1 minuto aproximadamente si fuese necesario espesarla.

≈ Separe la masa en 8 trozos y amase una bola con cada uno de ellos. Sumérjalos en leche y luego en copos de avena de forma homogénea en ambos lados.

≈ Coloque las hamburguesas en una bandeja de horno y áselas 20-25 minutos, dándoles la vuelta una vez hasta que estén tostadas. Aderece y sírvalas calientes.

PATATAS ASADAS CON BRÓCOLI

4 RACIONES

Si dispone de poco tiempo, en lugar de asar cuatro patatas grandes es mejor cocerlas con piel que asarlas en el horno o en el microondas.

≈ Cueza las patatas en agua hirviendo con sal durante 20-25 minutos o hasta que estén blandas. Para conseguir una piel crujiente, a continuación dórelas al grill durante 5 minutos. Mientras tanto, cueza el brócoli en agua salada hirviendo durante 8-10 minutos o hasta que esté tierno, vigilando que no se reblandezca. Escurra las patatas y el brócoli.

≈ Parta las patatas por la mitad, extraiga el interior y cháfelo. Reserve 8 cogollos pequeños de brócoli para la guarnición y trocee el resto. Mezcle el brócoli troceado con el requesón, las nueces, las pasas y la patata pisada, y aderece la mezcla con sal y pimienta.

≈ Ayudándose con una cuchara rellene las patatas y decore cada una de ellas con un cogollo de brócoli. Sírvalo caliente.

4 patatas grandes bien lavadas

Sal

225 g (½ lb) de brócoli

165 g (6 oz) de requesón desnatado escurrido

2 cucharadas de nueces picadas

2 cucharadas de uvas pasas despepitadas

Pimienta recién molida

HECHOS NUTRICIONALES	
Por persona	
Calorías 292	Calorías procedentes de grasas 45
	% Valor diario
Total de grasas 5 g	8%
Grasas saturadas 1 g	5%
Grasas monoinsaturadas 1 g	0%
Grasas poliinsaturadas 2 g	0%
Colesterol 2 mg	0,6%
Sodio 189 mg	8%
Total carbohidratos 51 g	17%
Fibra dietética 7 g	28%
Azúcares 14 g	0%
Proteínas 14 g	0%

El tanto por ciento del valor diario se basa en una dieta de 2.000 calorías.

PATATAS CON GARBANZOS

6 RACIONES

Este nutritivo plato tiene mucho éxito y también puede servirse como acompañamiento sin las espinacas frescas que se añaden justo 5 minutos antes del final.

100 ml (4 oz) de aceite de oliva

1 cebolla grande picada

340 g (12 oz) de patatas rojas pequeñas, lavadas y cortadas en trozos pequeños

2 dientes de ajo picados finos

450 g (1 lb) de espinacas frescas picadas

5 tomates medianos pelados, despepitados y troceados

Pimienta de cayena

½ cucharadita de semillas de cilantro

Sal y pimienta negra molida

3 cucharadas de perejil fresco picado

≈ Caliente el aceite en una cacerola para horno con tapa. Rehogue la cebolla hasta que empiece a dorarse.

≈ Añada las patatas troceadas y el ajo y fríalo todo a fuego lento removiendo durante 3 o 4 minutos. Añada los garbanzos, los tomates, las semillas de cilantro y la pimienta de cayena, al gusto.

≈ Tape la cacerola y cocine a fuego lento durante 15 o 20 minutos o hasta que las patatas estén blandas. Añadir las espinacas frescas los últimos 5 minutos de cocción hasta que se ablanden. Sazone al gusto y añada el perejil picado antes de servir.

≈ Este plato también puede servirse frío, dejándolo enfriar durante la noche.

HECHOS NUTRICIONALES	
Por persona	
Calorías 293	Calorías procedentes de grasas 198
	% Valor diario
Total de grasas 22 g	34%
Grasas saturadas 3 g	15%
Grasas monoinsaturadas 15 g	0%
Grasas poliinsaturadas 2,5 g	0%
Colesterol 0 mg	0%
Sodio 120 mg	5%
Total carbohidratos 20 g	7%
Fibra dietética 4 g	16%
Azúcares 5 g	0%
Proteínas 6 g	0%

El tanto por ciento del valor diario se basa en una dieta de 2.000 calorías.

PASTEL VEGETAL

4 RACIONES

Para conservar el máximo de nutrientes, cocine las patatas con piel. Una vez cocidas, se les puede quitar la piel y chafarlas con facilidad. Si lo desea, puede preparar este plato el día anterior.

85 g (3 oz) de lentejas, lavadas y escurridas

450 g (1 lb) de cebada, lavada y escurrida

1 cebolla mediana, picada

300 g (14 oz) de tomates triturados en lata

340 g (12 oz) de cogollos de coliflor

2 pencas de apio en rodajas

1 puerro en rodajas gruesas

1 nabo en rodajas finas

2 zanahorias en dados

2 cucharaditas de surtido de hierbas aromáticas

675 g (1½ lb) de patatas bien lavadas

3 cucharadas de leche desnatada

Sal y pimienta negra molida

40 g (1½ oz) de queso semicurado bajo en contenido graso, rallado.

≈ Precaliente el horno a 205 °C (400 °F) o en la posición 6. Ponga las lentejas, la cebada, la cebolla, los tomates (en su jugo), la coliflor, el apio, el puerro, el nabo, las zanahorias y las hierbas aromáticas en una cacerola grande y añada ½ l de agua. Cuando empiece a hervir, tape la cacerola y déle 40-45 minutos de cocción hasta que las lentejas, la cebada y las verduras estén tiernas.

≈ Cueza las patatas en agua hirviendo con sal durante 20 minutos aproximada-mente. Escúrralas, pélelas y cháfelas con leche. Sazónelas al gusto.

≈ Coloque la masa de lentejas en una bandeja de horno y esparza el puré de patatas por encima. Espolvoree con queso y deje el suflé en el horno durante 30-35 minutos o hasta que empiece a tostarse. Sírvalo caliente. Puede acompañarse con una ensalada de tomate y hierbas aromáticas.

HECHOS NUTRICIONALES	
Por persona	
Calorías 355	Calorías procedentes de grasas 27
	% Valor diario
Total de grasas 3 g	5%
Grasas saturadas 1 g	5%
Grasas monoinsaturadas 0,5 g	0%
Grasas poliinsaturadas 1 g	0%
Colesterol 4 mg	1,3%
Sodio 142 mg	6%
Total carbohidratos 70 g	23%
Fibra dietética 10 g	40%
Azúcares 11 g	0%
Proteínas 16 g	0%

El tanto por ciento del valor diario se basa en una dieta de 2.000 calorías.

ESPAGUETIS CON SALSA DE TOMATE Y ALBAHACA

4 RACIONES

Los espaguetis integrales son muy nutritivos, con gran contenido de fibra y un sabor suave. Si lo desea, puede combinar los espaguetis con pasta de espinacas para darle a este plato un atractivo toque de color.

2 cucharadas de aceite de oliva

1 cebolla mediana, picada

4 pencas de apio, troceados

1 guindilla verde, despepitada y picada fina

2 dientes de ajo machacados

675 g (1½ lb) de tomates pelados en trozos gruesos

3 cucharadas de puré de tomate

4 cucharadas de agua

1 cucharada de albahaca picada

1 cucharadita de mejorana picada

340 g (12 oz) de espaguetis integrales

115 g (4 oz) de aceitunas negras sin hueso

115 g (4 oz) de queso bajo en contenido graso rallado

60 g (2 oz) de piñones

Decoración

Hojas de albahaca

HECHOS NUTRICIONALES

Por persona Calorías 504	Calorías procedentes de grasas 180
	% Valor diario
Total de grasas 20 g	31%
Grasas saturadas 3 g	15%
Grasas monoinsaturadas 8 g	0%
Grasas poliinsaturadas 7 g	0%
Colesterol 4 mg	1%
Sodio 518 mg	22%
Total carbohidratos 67 g	22%
Fibra dietética 15 g	60%
Azúcares 12 g	0%
Proteínas 19 g	0%

El tanto por ciento del valor diario se basa en una dieta de 2.000 calorías.

≈ Caliente el aceite en una cacerola y sofría la cebolla, el apio, la guindilla y el ajo a fuego medio durante unos 3 minutos o hasta que estén blandos. Añada los tomates y el puré de tomate, 4 cucharadas de agua y la mitad de la albahaca y la mejorana. Una vez que hierva, continuar cociendo a fuego lento unos 10 minutos.

≈ En una olla grande con agua hirviendo, cueza los espaguetis 12 minutos o hasta que estén al dente (si utiliza pasta verde, añádala 2 minutos después que los espaguetis y vuelva a calentar el agua hasta que empiece a hervir).

≈ Escurra la pasta con un colador y deje correr agua caliente sobre ella. Escúrrala bien y divídala en 4 platos.

≈ Añada las aceitunas y el resto de las hierbas a la salsa y sírvala con una cuchara sobre los espaguetis. Espolvoree con el queso y los piñones y decore con la albahaca.

46

PASTEL DE CHAMPIÑONES Y BRÓCOLI CON NUECES

4 RACIONES

Este pastel vegetal resulta atractivo y apetecible, con visos coloreados de brócoli. Puede servirse frío o caliente y se congela sin problema.

≈ Precaliente el horno a 180 °C (350 °F) o en la posición 4. Saltee los champiñones en una sartén con la mitad de la margarina. Escurra las láminas y déjelas en el centro de un molde ligeramente engrasado de 12 × 18 × 6 cm.

≈ Fría el apio, el ajo y la cebolla en la misma sartén hasta que estén blandos. Añada los tomates en su jugo y la harina y cuézalo todo hasta que espese la salsa. Añada el pan rallado, las nueces, el huevo y las hierbas y aderezo, y retírelo del fuego. Reparta la mitad de la mezcla en el molde. Añada el brócoli y cúbralo con el resto de la mezcla.

≈ Cubra el molde con papel de aluminio, colóquelo en una fuente para asar llena de agua hasta la mitad e introdúzcalo en horno durante 1¼ o 1½ horas.

≈ Para hacer la salsa, derrita el resto de la margarina, añada los champiñones troceados y fríalos 2 o 3 minutos. Añada la harina y déjelo 1 minuto más. Añada el caldo, la leche y el aderezo y remueva durante 1-2 minutos o hasta que espese.

≈ Dé la vuelta al pastel en una fuente previamente calentada y sirva la salsa por separado. Adorne la fuente con hojas de apio.

85 g (3 oz) de champiñones pequeños bien lavados y laminados
30 g (1oz) de margarina poliinsaturada
2 pencas de apio en rodajas
1 diente de ajo machacado
1 cebolla mediana rallada
1 cucharada de harina integral
300 g (14 oz) de nueces molidas
280 g (10 oz) de pan rallado
1 huevo
1 cucharadita de albahaca picada
1 cucharadita de orégano picado
1 cucharada de perejil picado
Sal y pimienta negra molida
115 g (4 oz) de brócoli cocido

Salsa

60 g (2 oz) de champiñones, bien lavados y troceados
1 cucharada de harina integral
100 ml (4 oz) de caldo vegetal
115 ml (4 fl oz) de leche desnatada

Decoración

Hojas de apio

HECHOS NUTRICIONALES	
Por persona	
Calorías 312	Calorías procedentes de grasas 190
	% Valor diario
Total de grasas 21 g	32%
Grasas saturadas 3 g	15%
Grasas monoinsaturadas 5 g	0%
Grasas poliinsaturadas 12 g	0%
Colesterol 60 mg	20%
Sodio 282 mg	12%
Total carbohidratos 22 g	7%
Fibra dietética 7 g	28%
Azúcares 6 g	0%
Proteínas 11 g	0%

El tanto por ciento del valor diario se basa en una dieta de 2.000 calorías.

450 g (1 lb) de zanahorias peladas y
    laminadas

Sal

160 g (7 oz) de maíz en lata

1 cucharada de miel blanca

½ cucharadita de jengibre molido

Una pizca de nuez moscada

3 cucharadas de caldo vegetal

2 cucharadas de menta picada

Pimienta

Aceite para untar

Para recubrir

4 cucharadas de pan rallado integral

1 cucharada de semillas de sésamo

1 cucharada de pipas peladas

30 g (1 oz) de harina integral

5 cucharadas de aceite de girasol

Sal y pimienta negra molida

ZANAHORIAS Y MAÍZ CON GRATINADO ESPECIADO

4 RACIONES

Una fusión sorprendente de verduras y especias recubiertas con una crujiente capa. Es un plato para preparar y hornear más tarde.

HECHOS NUTRICIONALES	
Por persona	
Calorías 311	Calorías procedentes de grasas 170

	% Valor diario
Total de grasas 19 g	29%
Grasas saturadas 2 g	10%
Grasas monoinsaturadas 4 g	0%
Grasas poliinsaturadas 11 g	0%
Colesterol 0 mg	0%
Sodio 202 mg	8%
Total carbohidratos 33 g	11%
Fibra dietética 6 g	24%
Azúcares 17 g	0%
Proteínas 5 g	0%

El tanto por ciento del valor diario se basa en una dieta de 2.000 calorías.

≈ Precaliente el horno a 190 °C (375 °F) o en la posición 5. Cueza las zanahorias al vapor en agua salada durante 8 o 10 minutos o hasta que empiecen a estar tiernas. Mézclalas con el maíz, la miel, el jengibre, la nuez moscada y la menta, y sazónelo con sal y pimienta.

≈ Unte una fuente de horno de tamaño mediano con aceite. Reparta la mezcla de vegetales en ella y allane la superficie.

≈ Mezcle el pan rallado, las semillas y la harina, y vierta el aceite gradualmente sin dejar de remover. Sazone la mezcla con sal y pimienta y extiéndala uniformemente sobre la capa de vegetales. Hornee durante 20 minutos o hasta que se tueste la superficie.

VERDURAS CHINAS CON FUSILLI

4 RACIONES

Este es un plato perfecto para convidar a un grupo de amigos, de forma rápida y nutritiva.

450 g (1 lb) de fusilli (espirales pequeñas)

1 chorro de aceite de oliva

3 cucharadas de aceite de sésamo

3 dientes de ajo machacados

2 zanahorias peladas y torneadas en forma de lazos

8 cebolletas sin tallos en capas

5-6 cucharadas de salsa de soja oscura

3 cucharadas de semillas de sésamo tostadas

≈ Hierva una cacerola grande de agua, añada las espirales y un chorro de aceite de oliva. Cuézalos 10 minutos removiendo de cuando en cuando hasta que la pasta esté al dente. Escurra la pasta y apártela.

≈ Para tornear las zanahorias, quite la capa exterior con un pelaverduras y continúe pelándolas.

≈ Caliente el aceite de sésamo en una sartén grande. Saltee durante 30 segundos y añada los lazos de zanahoria.

≈ Déjelos unos 3 o 4 minutos más y añada las cebolletas en láminas y déjelas 2 o 3 minutos, removiendo continuamente. Añada la salsa de soja, las semillas de sésamo y la pasta. Déjelo reposar un par de minutos y sírvalo inmediatamente.

HECHOS NUTRICIONALES	
Por persona	
Calorías 465	Calorías procedentes de grasas 153
	% Valor diario
Total de grasas 17 g	26%
Grasas saturadas 2 g	10%
Grasas monoinsaturadas 7 g	0%
Grasas poliinsaturadas 7 g	0%
Colesterol 0 mg	0%
Sodio 17 mg	0,7%
Total carbohidratos 70 g	23%
Fibra dietética 6,5 g	26%
Azúcares 7 g	0%
Proteínas 13 g	0%

El tanto por ciento del valor diario se basa en una dieta de 2.000 calorías.

SALSA DE TOMATE Y CHAMPIÑONES

4 RACIONES

Sirva esta salsa con pasta recién hecha y acompáñela de queso recién rallado y bajo en contenido graso para espolvorearla.

≈ Caliente el aceite en una sartén o una olla de base amplia. Añada el ajo, los champiñones, las cebolletas, el aderezo y el laurel. Cocínelo a fuego medio removiendo con frecuencia hasta que los champiñones estén bien hechos y buena parte del líquido evaporada.

≈ Añada los tomates de lata y el puré de tomate y remueva hasta que empiece a hervir. Baje el fuego y déjelo a fuego lento unos 3 minutos más. Sazone la salsa al gusto, añada la albahaca y sírvala.

4 cucharadas de aceite de oliva

2 dientes de ajo

450 g (1 lb) de champiñones laminados

1 manojo de cebolletas picadas

Sal y pimienta negra molida

1 hoja de laurel

400 g (2 x 14 oz) de tomates enteros pelados de lata

2 cucharadas de puré de tomate

Un ramillete de albahaca fresca picada sin tallo

HECHOS NUTRICIONALES	
Por persona	
Calorías 160	Calorías procedentes de grasas 108
	% Valor diario
Total de grasas 12 g	18%
Grasas saturadas 2 g	10%
Grasas monoinsaturadas 8 g	0%
Grasas poliinsaturadas 1 g	0%
Colesterol 0 mg	0%
Sodio 104 mg	4%
Total carbohidratos 9 g	3%
Fibra dietética 4,5 g	18%
Azúcares 8 g	0%
Proteínas 5 g	0%

El tanto por ciento del valor diario se basa en una dieta de 2.000 calorías.

TORTILLA PICANTE DE CHAMPIÑONES

2 RACIONES

≈ Separe la clara de las yemas de los huevos y a continuación bátalas en recipientes separados.

≈ Agregue a las yemas después la harina, los pimientos, los champiñones, la guindilla verde, la cebolla y las hierbas y especias.

≈ Mezcle las claras con las yemas y bátalo todo junto, vertiendo gradualmente 2 cucharadas de agua.

≈ Unte una sartén antiadherente grande con aceite y caliéntela hasta que empiece a salir humo.

≈ Vierta la mezcla de huevos y verduras inmediatamente y fríala durante 1 minuto aproximadamente, agitando la sartén. Retire la sartén del fuego y deje que la tortilla termine de hacerse bajo el grill.

3 huevos grandes

1 cucharadita de harina

2 cucharadas de pimiento verde o rojo picado

115 g (4 oz) de champiñones pequeños troceados

1 guindilla verde picada fina

Media cebolla en láminas finas

½ cucharadita de guindilla en polvo

¼ cucharadita de ajo en polvo

1-2 cucharaditas de cilantro fresco picado

¼ cucharadita de semillas de comino

½ cucharadita de sal

1 cucharada de aceite

HECHOS NUTRICIONALES	
Por persona	
Calorías 235	Calorías procedentes de grasas 144
	% Valor diario
Total de grasas 16 g	25%
Grasas saturadas 3 g	15%
Grasas monoinsaturadas 6 g	0%
Grasas poliinsaturadas 5 g	0%
Colesterol 357 mg	119%
Sodio 133 mg	5,5%
Total carbohidratos 11 g	4%
Fibra dietética 2 g	8%
Azúcares 2,5 g	0%
Proteínas 14 g	0%

El tanto por ciento del valor diario se basa en una dieta de 2.000 calorías.

SALSA CREMOSA DE APIO

4 RACIONES

Una salsa cremosa y baja en contenido graso para servir con pasta, ya sea en lasaña o para acompañar espaguetis o tallarines.

1 cabeza de apio

2 cucharadas de aceite de oliva

1 cebolla picada

1 diente de ajo machacado (opcional)

1 zanahoria en dados

1 hoja de laurel

3 cucharadas de harina

250 ml (8 fl oz) de vino blanco seco

250 ml (8 fl oz) de caldo vegetal

Sal y pimienta negra molida

115 g (4 oz) de queso blando bajo
   en contenido graso

1-2 cucharadas de estragón picado o
   un ramillete de albahaca
   deshecho

HECHOS NUTRICIONALES	
Por persona	
Calorías 194	Calorías procedentes de grasas 80
	% Valor diario
Total de grasas 9 g	14%
Grasas saturadas 2,5 g	12,5%
Grasas monoinsaturadas 5 g	0%
Grasas poliinsaturadas 0,75 g	0%
Colesterol 8 mg	3%
Sodio 54 mg	2%
Total carbohidratos 16 g	5%
Fibra dietética 3 g	12%
Azúcares 4 g	0%
Proteínas 4 g	0%

El tanto por ciento del valor diario se basa en una dieta de 2.000 calorías.

≈ Trocee el apio y separe las raíces y la base de la penca. Pique las hojas finas (para añadirlas a la salsa). Separe las pencas, lávelas bien y córtelas en dados. Para ello, córtelas longitudinalmente en 3 o 4 tiras y cada una de ellas en dados.

≈ Caliente el aceite en una cacerola grande de base ancha. Añada la cebolla, el ajo (si se utiliza), la zanahoria, el laurel y el apio (las hojas y las pencas troceadas). Remover a fuego medio durante 5 minutos, cubra la cacerola y cocínelo durante 15 minutos o hasta que las verduras estén blandas.

≈ Añada la harina y vierta gradualmente el vino y el caldo. Déjelo cocer a fuego lento sin tapar durante 20 minutos, removiendo de vez en cuando. Sazónelo al gusto y añada el queso. No lo deje hervir. Retírelo del fuego y añada el estragón o la albahaca y sirva la salsa inmediatamente.

SALSA DE COLIFLOR Y CALABACÍN

4 RACIONES

Es una salsa de tomate que puede servirse con cualquier tipo de pasta larga (espaguetis, tallarines, macarrones largos, pappardelle o mafaldine).

2 cucharadas de aceite de oliva

1 cebolla grande picada

1 hoja de laurel

1 diente de ajo machacado

180 g (6 oz) de coliflor dividida en cogollos

2 cucharadas de orégano fresco picado

½ l (1 pt) de puré de tomate

175 ml (6 fl oz) de agua

Sal y pimienta negra molida

450 g (1 lb) de calabacines, laminados

10 aceitunas negras deshuesadas y en láminas gruesas (opcional)

Queso bajo en contenido graso rallado para servir

≈ Caliente el aceite en una cacerola grande. Añada la cebolla, el laurel y el ajo, y remueva bien. Cubra la cacerola y déjelo cocinarse unos 5 minutos.

≈ Añada la coliflor y el orégano, removiendo bien, vuelva a tapar la cacerola y déjelo otros 5 minutos al fuego. Añada el puré, el agua y pimienta y sal al gusto. Cuando hierva, baje el fuego y tape la cacerola. Déjelo hervir a fuego lento 15 minutos.

≈ Por último, añada los calabacines y las aceitunas. Tápelo y déjelo otros 10 minutos al fuego. Compruebe el aderezo antes de servir la salsa. Puede echarse bastante cantidad de queso bajo en contenido graso rallado sobre la pasta y la salsa, pero es mejor que cada cuál se eche a su gusto.

HECHOS NUTRICIONALES		
Por persona		
Calorías 134	Calorías procedentes de grasas 72	
		% Valor diario
Total de grasas 8 g		12%
Grasas saturadas 2 g		10%
Grasas monoinsaturadas 5 g		0%
Grasas poliinsaturadas 1 g		0%
Colesterol 2 mg		0,6%
Sodio 214 mg		10%
Total carbohidratos 8 g		3%
Fibra dietética 4 g		16%
Azúcares 7 g		0%
Proteínas 7 g		0%

El tanto por ciento del valor diario se basa en una dieta de 2.000 calorías.

CUSCÚS TUNECINO VEGETAL

4 RACIONES

El cuscús, una notable aportación de la comida norteafricana, se hace con partículas de sémola de trigo. Los granos de cuscús se precocinan lavándolos bien y cociéndolos sin tapa en agua hirviendo 30 minutos. A continuación, se extiende el cuscús en un plato, se espolvorea con agua fría y se cocina con la receta tunecina.

115 g (4 oz) de garbanzos, previamente dejados a remojo durante la noche y escurridos

115 g (4 oz) de judías adzuki puestas a remojo la noche anterior y escurridas

2 dientes de ajo machacados

2 puerros en rodajas

2 zanahorias en rodajas finas

400 g (14 oz) de cogollos de coliflor

3 calabacines en rodajas

1 nabo en rodajas finas

2 cucharadas de puré de tomate

2 cucharaditas de cilantro molido

½ cucharadita de cúrcuma molida

1 cucharadita de una selección de hierbas aromáticas

½ l (1 pt) de agua

1 pimiento verde, despepitado, limpio y en rodajas

340 g (12 oz) de tomates pelados y cuarteados

115 g (4 oz) de granos secos de cuscús precocinado (para 225 g)

2 cucharadas de yogur desnatado

Sal y pimentón

Decoración

Perejil fresco

HECHOS NUTRICIONALES		
Por persona		
Calorías 328	Calorías procedentes de grasas 27	
	% Valor diario	
Total de grasas 3 g	5%	
Grasas saturadas 0,5 g	2,5%	
Grasas monoinsaturadas 0,5 g	0%	
Grasas poliinsaturadas 1,5 g	0%	
Colesterol 0 mg	0%	
Sodio 51 mg	2%	
Total carbohidratos 62 g	21%	
Fibra dietética 11 g	44%	
Azúcares 12 g	0%	
Proteínas 17 g	0%	

El tanto por ciento del valor diario se basa en una dieta de 2.000 calorías.

≈ Coloque los garbanzos escurridos y las judías adzuki en ollas distintas, cubra las legumbres con agua y hierva a fuego rápido 10 minutos. Tápelas y déjelas hervir otros 30-40 minutos.

≈ Coloque el ajo, los puerros, las zanahorias, el nabo, la coliflor, los calabacines, la cúrcuma y las hierbas en una cacerola grande. Añada agua y cuando hierva, tápela y deje hervir a fuego lento 20 minutos.

≈ Añada los garbanzos y las judías, los pimientos verdes y los tomates, y vuelva a hervirlo todo.

≈ Coloque el cuscús a medio cocinar en una marmita cubierta con un paño limpio doblado a la mitad sobre la cacerola con los vegetales. Tápelo y déjelo cocer al baño María 15 minutos, removiendo una o dos veces los granos de cuscús.

≈ Agregue el yogur desnatado al cuscús y sírvalo en una fuente caliente. Sazone el cuscús. Decore las verduras y sírvalas en otro plato caliente.

PIMIENTOS RELLENOS DE ALBARICOQUE Y NUECES

4 RACIONES

Es un buen plato único para un invitado vegetariano. El colorido de los pimientos es visualmente atractivo y el relleno de albaricoque y nueces proporciona fibra, proteínas y vitaminas.

≈ Precaliente el horno a 190 °C (375 °F) o en la posición 5. Coloque el trigo en un cuenco, cúbralo con ½ litro de agua hirviendo y déjelo durante 15 minutos.

≈ Coloque los pimientos en una fuente poco profunda y untada con aceite. Caliente una cucharada de aceite en una cacerola y sofría las cebollas a fuego medio hasta que empiecen a estar tiernas. Añada

el trigo, las avellanas, los orejones, el jengibre y cardamomo. Déjelo un minuto más al fuego removiendo constantemente. Añada el cilantro y el yogur, mézclelo bien y apártelo del fuego.

≈ Rellene los tomates con la mezcla. Cubra la fuente con papel de aluminio y métala en el horno unos 30 minutos. Decore con las hojas de cilantro y sírvalo.

200 g (7 oz) de trigo bulgur

2 pimientos rojos cortados longitudinalmente a la mitad, sin semillas y limpios

2 pimientos amarillos cortados longitudinalmente a la mitad, sin semillas y limpios

1 cucharada de aceite de girasol y un poco más para untar

1 cebolla mediana, picada

40 g (1½ oz) de avellanas machacadas

115 g (4 oz) de orejones de albaricoque, troceados

½ cucharadita de jengibre molido

1 cucharadita de cardamomo molido

2 cucharadas de cilantro picado

3 cucharadas de yogur natural desnatado

Decoración

Cilantro fresco

HECHOS NUTRICIONALES	
Por persona	
Calorías 353	Calorías procedentes de grasas 90
	% Valor diario
Total de grasas 10 g	15%
Grasas saturadas 1 g	5%
Grasas monoinsaturadas 5 g	0%
Grasas poliinsaturadas 2,5 g	0%
Colesterol 1 mg	0,3%
Sodio 50 mg	2%
Total carbohidratos 59 g	20%
Fibra dietética 9 g	36%
Azúcares 30 g	0%
Proteínas 10 g	0%

El tanto por ciento del valor diario se basa en una dieta de 2.000 calorías.

RAGÚ DE CALABACÍN

4 RACIONES

Una ingeniosa manera de convertir el calabacín en una cena deliciosa o una comida vegetariana. La mezcla de hierbas aromáticas es importante. Es mejor variar las hierbas que comprometer el resultado utilizando una selección ya preparada.

3 cucharadas de aceite de oliva

2 cebollas picadas

4 pencas de apio picadas

2 zanahorias en dados

2 dientes de ajo machacados

1 ramillete de hierbas aromáticas

4 cucharadas de puré de tomate

400 g (14 oz) de tomate entero pelado de lata

Sal y pimienta negra molida

675 g (1½ lb) de calabacines pelados, despepitados y en rodajas gruesas

85 g (3 oz) de pan rallado fresco

2 cucharadas de perejil picado

85 g (3 oz) de queso duro, con bajo contenido graso, rallado

≈ Caliente el aceite en una fuente para horno. Añada las cebollas, el apio, las zanahorias, el ajo y el ramillete de hierbas. Mézclelo bien hasta que chisporroteen, cúbralo y déjelo cocinar a fuego medio 20 minutos removiendo de cuando en cuando.

≈ Añada el puré de tomate y el tomate de lata y sazónelo generosamente. Cuando hierva, añada los calabacines y mezcle bien. Baje el fuego para que se mantenga en el punto de ebullición, tápelo y cocínelo a fuego lento durante una hora, removiendo de vez en cuando. Los calabacines deben estar tiernos pero no reblandecidos.

≈ Caliente el horno a 205 °C (400 °F) o en la posición 6.

≈ Mezcle el pan rallado con el queso y el perejil y espolvoréelo sobre los calabacines. Hornee durante 20-30 minutos o hasta que los calabacines estén crujientes y dorados por encima y sírvalo inmediatamente. Si lo prefiere, puede terminarse al grill a media potencia.

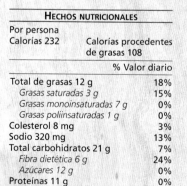

HECHOS **NUTRICIONALES**	
Por persona Calorías 232	Calorías procedentes de grasas 108
	% Valor diario
Total de grasas 12 g	18%
Grasas saturadas 3 g	15%
Grasas monoinsaturadas 7 g	0%
Grasas poliinsaturadas 1 g	0%
Colesterol 8 mg	3%
Sodio 320 mg	13%
Total carbohidratos 21 g	7%
Fibra dietética 6 g	24%
Azúcares 12 g	0%
Proteínas 11 g	0%

El tanto por ciento del valor diario se basa en una dieta de 2.000 calorías.

BHAJI DE CINCO VERDURAS A LA MENTA

4 RACIONES

El bhaji es un plato tradicional indio, vegetal y especiado. Esta receta es divertida, porque se obtiene un sabor diferente cada vez que se prepara, ya que la combinación de cinco vegetales nunca es exactamente la misma.

115 g (¼ lb) de judías verdes

180 g (6 oz) de patatas

115 g (¼ lb) de zanahorias

180 g (6 oz) de berenjenas

115 g (¼ lb) de tomates

1-2 guindillas verdes

2 cucharadas de aceite

7-8 dientes de ajo, picados finos

½ cucharadita de guindilla en polvo

¼ cucharadita de cúrcuma molida

½-¾ cucharadita de sal

2-3 cucharadas de menta u hojas de cilantro.

HECHOS NUTRICIONALES	
Por persona	
Calorías 113	Calorías procedentes de grasas 54
	% Valor diario
Total de grasas 6 g	9%
Grasas saturadas 1 g	5%
Grasas monoinsaturadas 1 g	0%
Grasas poliinsaturadas 4 g	0%
Colesterol 0 mg	0%
Sodio 13 mg	0,5%
Total carbohidratos 13 g	0,5%
Fibra dietética 4 g	16%
Azúcares 4 g	0%
Proteínas 3 g	0%
El tanto por ciento del valor diario se basa en una dieta de 2.000 calorías.	

≈ Corte los extremos de las judías, ábralas en canal y trocéelas.

≈ Corte las patatas en ocho trozos, preferiblemente con piel.

≈ Pele las zanahorias y córtelas en dados.

≈ Corte las berenjenas en 4 láminas longitudinales y después en trozos de 1,5 cm aproximadamente.

≈ Trocee los tomates y las guindillas verdes.

≈ Mida el aceite y caliéntelo en una sartén profunda a fuego medio. Añada el ajo y remuévalo y cuando empiece a tener aspecto translúcido añada el resto de las verduras. Agregue también la guindilla en polvo, la cúrcuma y la sal. Mezcle bien las especias.

≈ Añada la menta o las hojas de cilantro, remueva y apague el fuego. Déjelo reposar 2 o 3 minutos antes de servir.

CURRY DE HUEVO CON GUISANTES Y AJO AL JENGIBRE

4 RACIONES

4 huevos grandes

2 cucharadas de aceite

85 g (3 oz) de cebollas picadas

¼ cucharadita de semillas de comino

2 cucharaditas de pasta de jengibre y ajo (de una tienda de alimentos orientales)

½ cucharadita de guindilla en polvo

¼ cucharadita de cúrcuma

½ cucharadita de cilantro molido

Sal al gusto

¼ cucharadita de garam masala (de una tienda de alimentos orientales)

85 g (3 oz) de tomate picado

225 g (8 oz) de guisantes frescos o congelados

1 guindilla verde partida longitudinalmente

2 cucharadas de hojas de cilantro

≈ Cueza los huevos, quíteles las cáscaras y apártelos.

≈ Caliente el aceite en una sartén mediana profunda y fría la cebolla y el comino hasta que la cebolla se dore.

≈ Añada la pasta de jengibre y ajo, la guindilla en polvo, la cúrcuma, el cilantro molido, la sal y la garam masala y fríalo bien durante un par de minutos, añadiendo, cuando sea necesario, una cucharada de agua para evitar que se pegue o se queme.

≈ Añada los huevos enteros y el tomate y remueva cuidadosamente, mientras se cocinan durante un minuto.

≈ Añada 1¼ tazas de agua y, una vez que empiece a hervir, añada los guisantes y la guindilla verde. Déjelo otros 5 minutos.

≈ Añada las hojas de cilantro y retire la sartén del fuego.

HECHOS NUTRICIONALES	
Por persona	
Calorías 150	Calorías procedentes de grasas 108
	% Valor diario
Total de grasas 12 g	18%
Grasas saturadas 2,5 g	12,5%
Grasas monoinsaturadas 4 g	0%
Grasas poliinsaturadas 4 g	0%
Colesterol 238 mg	79%
Sodio 90 mg	3%
Total carbohidratos 3 g	1%
Fibra dietética 1 g	4%
Azúcares 2 g	0%
Proteínas 8 g	0%

El tanto por ciento del valor diario se basa en una dieta de 2.000 calorías.

QUIMBOMBÓ CON GUINDILLA

4 RACIONES

450 g (1 lb) de quimbombó

2 cucharadas de aceite de girasol

1 cebolla grande en rodajas finas

4 guindillas verdes, sin semillas y en rodajas

1 pimiento verde, sin semillas y en rodajas

180 g (6 oz) de tomates pelados, sin semillas y troceados

Sal y pimienta negra molida

3 cucharadas de agua

Yogur natural para servir

HECHOS NUTRICIONALES	
Por persona	
Calorías 128	Calorías procedentes de grasas 63
	% Valor diario
Total de grasas 7 g	11%
Grasas saturadas 1 g	5%
Grasas monoinsaturadas 1,5 g	0%
Grasas poliinsaturadas 4 g	0%
Colesterol 2 mg	0,6%
Sodio 47 mg	2%
Total carbohidratos 10 g	3%
Fibra dietética 8 g	32%
Azúcares 9 g	0%
Proteínas 6 g	0%

El tanto por ciento del valor diario se basa en una dieta de 2.000 calorías.

≈ Tornee el quimbombó y pínchelo varias veces con un tenedor.

≈ Caliente el aceite en una sartén y saltee las cebollas y las guindillas durante 5 minutos o hasta que estén blandas. Añada el pimiento verde y fríalo 2 minutos más.

≈ Añada los tomates, el quimbombó y el agua y sazónelo al gusto. Cuando hierva, baje el fuego, tape la sartén y déjelo hervir a fuego lento 8 minutos o hasta que el quimbombó esté tierno. Sírvalo inmediatamente cubierto con yogur.

60

PASTEL DE PATATA Y TOMATE

4 RACIONES

Esta sencilla aunque sabrosa receta portuguesa aúna dos verduras clásicas. Es apropiado como comida o cena, puede servirse como plato único vegetariano y es una ingeniosa manera de utilizar los restos de patatas.

≈ Para hacer la pasta de pimientos rojos, salar los pimientos y dejarlos reposar destapados a temperatura ambiente 24 horas.

≈ Precaliente el grill. Enjuague los pimientos bien, escúrralos y séquelos con un paño limpio. Colóquelos con la piel hacia arriba en una fuente para horno, y áselos al grill hasta que la piel esté chamuscada y abultada. Déjelos enfriar, pélelos y tire la piel.

≈ Bata en una batidora los pimientos con el ajo, vertiendo el aceite lentamente.

≈ Precaliente el horno a 205 °C (400 °F) o en la posición 6.

≈ Distribuya las rodajas de patata en una fuente de horno untada con aceite. Extienda la pasta de pimientos por encima.

≈ Pique el perejil, el ajo y la guindilla y mézclelos con el aceite. Añada el zumo de un limón, sazónelo al gusto y vierta la mitad sobre las patatas.

≈ Cubra con los tomates y con la ayuda de una cuchara añada el resto de la salsa de perejil. Vierta un chorrito de aceite por encima y hornee el pastel 30-40 minutos. Sírvalo templado, no directamente del horno.

6 patatas medianas cocidas en rodajas finas

Pasta de pimiento rojo para extender (vea abajo)

1 ramillete de perejil

1 diente de ajo

1 guindilla roja despepitada

3 cucharadas de aceite virgen y un chorrito más para aliñar

Zumo de un limón

Sal y pimienta

565 g (1½ lb) de tomates sabrosos, pelados, despepitados y en rodajas

Pasta de pimiento rojo

3 pimientos rojos despepitados y cortados longitudinalmente

1 cucharada de sal marina

2 dientes de ajo

2 cucharadas de aceite de oliva

HECHOS NUTRICIONALES	
Por persona	
Calorías 236	Calorías procedentes de grasas 135
	% Valor diario
Total de grasas 15 g	23%
Grasas saturadas 2 g	10%
Grasas monoinsaturadas 10 g	0%
Grasas poliinsaturadas 2 g	0%
Colesterol 0 mg	0%
Sodio 22 mg	1%
Total carbohidratos 24 g	8%
Fibra dietética 6 g	24%
Azúcares 13 g	0%
Proteínas 4 g	0%

El tanto por ciento del valor diario se basa en una dieta de 2.000 calorías.

BERENJENA CON PATATAS PICANTES

4 RACIONES

340 g (¾ lb) de berenjena

225 g (½ lb) de patatas

2 cucharadas de aceite

85 g (3 oz) de cebollas en rodajas

½ cucharadita de semillas de comino

½ cucharadita de semillas de cilantro asadas y machacadas

½ cucharadita de curry en polvo (opcional)

1 cucharadita de jengibre rallado

4-5 dientes de ajo, partidos fino

½ cucharadita de guindilla en polvo

¼ cucharadita de cúrcuma

Sal al gusto

1 cucharada de yogur natural desnatado

½ cucharadita de azúcar

1-2 guindillas verdes picadas

85 g (3 oz) de tomates picados

1 cucharada de zumo de limón

2 cucharadas de hojas de cilantro picadas

≈ Lave la berenjena y córtela en cuatro trozos longitudinalmente y después, manteniéndolos juntos, en trozos de 1,5 cm aproximadamente.

≈ Frote bien las patatas y sin pelarlas corte cada una de ellas en cuatro trozos y éstos a su vez en dos o cuatro trozos, de modo que obtenga al menos doce pedacitos de cada patata.

≈ Caliente el aceite en una sartén profunda mediana y sofría la cebolla hasta que se dore.

≈ Añada el comino y el cilantro y, si se desea, el curry. Fríalo durante un minuto más o menos y añada el jengibre, la mitad de ajo, la guindilla en polvo, la cúrcuma y la sal.

Cocínelo a fuego rápido, añadiendo un par de cucharadas de agua cuando sea necesario para intensificar el color de la masa sin que se pegue. No debería llevar más de 2 minutos.

≈ Añada la berenjena, el yogur, el azúcar y las guindillas verdes. Mézclelo todo y déjelo 2 o 3 minutos más. Añada 150 ml de agua, baje el fuego y déjela hervir a fuego lento completamente tapada unos 15 minutos.

≈ Añada la patata, las guindillas y el tomate. Comprobando que está bien tapada, déjela hervir a fuego lento otros 10 minutos, comprobando de vez en cuando que no se queme o se pegue. Si se queda muy seco o se prefiere más salsa, simplemente añada un poco más de agua y déjelo hervir a fuego lento unos minutos más.

≈ Por último, añada el resto del ajo, el zumo de limón y las hojas de cilantro. Déjelo al fuego otro minuto y remueva con suavidad antes de retirarlo del fuego.

HECHOS NUTRICIONALES		
Por persona Calorías 125	Calorías procedentes de grasas 54	
	% Valor diario	
Total de grasas 6 g		9%
Grasas saturadas 1 g		5%
Grasas monoinsaturadas 1 g		0%
Grasas poliinsaturadas 4 g		0%
Colesterol 0 mg		0%
Sodio 15 mg		0,6%
Total carbohidratos 15,5 g		5%
Fibra dietética 4 g		16%
Azúcares 5 g		0%
Proteínas 3 g		0%

El tanto por ciento del valor diario se basa en una dieta de 2.000 calorías.

CALABACÍN CRUJIENTE CON MAÍZ

4 RACIONES

La sémola y la capa de queso crean un efecto crujiente.

675 g (1½ lb) de calabacines
    pelados, despepitados y en
    rodajas finas

1 cebolla pequeña picada fina

1 cucharadita de macia molida

Sal y pimienta negra molida

1 ramillete de hierbas aromáticas

2 cucharaditas de aceite de oliva

340 g (12 oz) de maíz en lata
    escurrido

115 g (4 oz) de nueces machacadas

2 cucharadas de sémola

4 cucharadas de queso duro bajo en
    contenido graso, rallado

4 cucharadas de pan rallado

HECHOS NUTRICIONALES	
Por persona	
Calorías 312	Calorías procedentes de grasas 190
	% Valor diario
Total de grasas 21 g	32%
Grasas saturadas 3 g	15%
Grasas monoinsaturadas 5 g	0%
Grasas poliinsaturadas 12 g	0%
Colesterol 4 mg	1%
Sodio 1.098 mg	46%
Total carbohidratos 19 g	6%
Fibra dietética 5 g	20%
Azúcares 6 g	0%
Proteínas 12 g	0%

El tanto por ciento del valor diario se basa en una dieta de 2.000 calorías.

≈ Coloque los calabacines, la cebolla y el aderezo en una cacerola para el horno y mézclelo bien. Añada las hierbas aromáticas y el aceite y mezcle hasta rebozar las verduras. Caliente hasta que empiece a chisporrotear, cúbralo bien y cocínelo a fuego lento otros 25 minutos. Ajuste la intensidad del fuego de modo que las verduras hagan un sonido como un murmullo en la cacerola.

≈ Añada el maíz, mézclelo bien y cocínelo durante 5 minutos tapado. Los calabacines deben estar tiernos pero no blandos.

≈ Mezcle las nueces, la sémola, el queso y el pan rallado, y espolvoree la mezcla sobre las verduras. Póngalo al grill hasta que se tuesten. Si se empiezan a tostar demasiado deprisa se quemarán, así que es mejor seleccionar el grill a poca potencia. Sírvalo inmediatamente.

TALLARINES DE HUEVO TAILANDESES A LA GUINDILLA

4 RACIONES

La mayoría de los platos tailandeses se basan en tallarines de huevo o «noodles», o en arroz. También suelen estar perfumados por la hierba limón, protagonista de muchos platos de esta cocina.

180 g (6 oz) de tallarines de huevo

2 cucharadas de aceite de girasol

2 tallos de hierba limón sin las hojas exteriores y picadas

Un pedazo de 2,5 cm (1 inch) de raíz de jengibre, pelada y rallada

1 cebolla roja, en rodajas finas

2 dientes de ajo machacados

4 guindillas rojas tailandesas, despepitadas y en rodajas

1 pimiento rojo despepitado y en juliana

115 g (4 oz) de zanahoria laminada muy fina con un pelaverduras

115 g (4 oz) de calabacines pelados y laminados muy finos con un pelaverduras

85 g (3 oz) de tirabeques cortados a la mitad diagonalmente

6 cebolletas, peladas y en rodajas diagonales

115 g (4 oz) de anacardos

2 cucharadas de aceite de soja

Zumo de una naranja

1 cucharadita de miel clara

1 cucharada de aceite de sésamo

≈ Cueza los tallarines en agua hirviendo ligeramente salada durante 3 minutos. Escúrralos y páselos por agua fría. Escúrralos de nuevo y déjelos apartados.

≈ Caliente el aceite en una sartén grande y saltee la hierba limón y el jengibre durante 2 minutos. Tire la hierba limón y el jengibre, guardando el aceite.

≈ Saltee la cebolla, el ajo y la guindilla durante 2 minutos. Añada el pimiento rojo y déjelo hacerse durante 2 minutos más. Añada el resto de verduras y saltear otros 2 minutos.

≈ Por último, añada los tallarines y los anacardos con la salsa de soja, el zumo de naranja y la miel. Saltee otro minuto. Añada el aceite de sésamo y saltee 30 segundos. Sírvalo inmediatamente.

HECHOS NUTRICIONALES	
Por persona	
Calorías 439	Calorías procedentes de grasas 211
	% Valor diario
Total de grasas 23,5 g	36%
Grasas saturadas 3,5 g	17%
Grasas monoinsaturadas 9 g	0%
Grasas poliinsaturadas 7 g	0%
Colesterol 0 mg	0%
Sodio 194 mg	8%
Total carbohidratos 48 g	16%
Fibra dietética 6 g	24%
Azúcares 11 g	0%
Proteínas 12 g	0%

El tanto por ciento del valor diario se basa en una dieta de 2.000 calorías.

POPURRÍ VEGETAL

4 RACIONES

Es una salsa deliciosa que debe servirse con conchas o ruedecitas, u otros tipos de pasta pequeña en lugar de pasta fina y larga.

180 g (6 oz) de cogollos pequeños
    de coliflor

Sal y pimienta negra molida

2 cucharadas de aceite de oliva

2 cucharadas de mantequilla

1 cebolla picada

180 g de zanahorias pequeñas,
    partidas en cuatro y laminadas

225 g (8 oz) de champiñones
    laminados

225 g (8 oz) de calabacines pequeños
    ligeramente pelados y en láminas
    finas

1 manojo de estragón con muchas
    hojas, picado

Ralladura de un limón

Zumo de un limón

HECHOS NUTRICIONALES	
Por persona	
Calorías 134	Calorías procedentes de grasas 100
	% Valor diario
Total de grasas 11 g	17%
Grasas saturadas 4 g	20%
Grasas monoinsaturadas 5 g	0%
Grasas poliinsaturadas 1 g	0%
Colesterol 12 mg	4%
Sodio 62 mg	2,5%
Total carbohidratos 6 g	2%
Fibra dietética 4 g	16%
Azúcares 5 g	0%
Proteínas 4 g	0%

El tanto por ciento del valor diario se basa en una dieta de 2.000 calorías.

≈ Cueza la coliflor en agua salada durante unos 3 minutos, hasta que empiece a hacerse. Escúrrala bien.

≈ Caliente el aceite de oliva y la mantequilla en una cacerola. Añada la cebolla, la coliflor y las zanahorias, y remueva bien. Tape la cacerola y déjela 10 minutos al fuego. Muévala de vez en cuando para evitar que los vegetales se peguen.

≈ Añada los calabacines, los champiñones, el estragón, la ralladura de limón y el zumo de limón. Remueva bien y cubra la cacerola, y déjela al fuego otros 2-3 minutos o hasta que los calabacines estén verdes y tiernos, pero al dente y reteniendo su sabor. Compruebe el aderezo antes de servir.

ESTOFADO DE VERDURAS ARMENIO

4 RACIONES

No existe una regla fija ni una forma rápida de preparar esta especialidad armenia. Puede utilizar lo que tenga en la nevera y, por ejemplo, sustituir el nabo por zanahorias y el repollo por apio. Puede servirse como plato principal o como acompañamiento.

≈ Precaliente el horno a 180 °C (350 °F) o en la posición 4. Caliente el aceite en una cacerola de acero inoxidable o esmaltada a fuego medio. Añada el ajo y remueva para que el aceite adquiera su sabor unos 2 minutos. Vierta el caldo y añada el laurel, las hierbas y el aderezo al gusto.

≈ Cuando empiece a hervir, añada las verduras poco a poco, removiendo para que se mezclen según se van agregando. Tape la cacerola con su tapa o papel de aluminio. Hornee durante una hora o hasta que las verduras estén tiernas, agitando de vez en cuando.

85 ml (3 fl oz) de aceite de oliva

4 dientes de ajo machacados

200 ml (8 fl oz) de caldo vegetal

1 hoja de laurel

½ cucharadita de estragón seco

½ cucharadita de orégano seco

Sal y pimienta negra molida

2 zanahorias medianas a la mitad y en juliana

115 g (4 oz) de judías vedes abiertas y cortadas en trozos de 1,5 cm (½ inch) aproximadamente

2 patatas pequeñas, peladas y en dados

2 pencas de apio, partidas en dos trozos longitudinales y en rodajas finas

1 calabacín, en rodajas finas

1 berenjena pequeña, a la mitad y en rodajas finas

1 cebolla roja pequeña, picada fina

1 coliflor pequeña en cogollos

½ pimiento rojo, despepitado y en juliana

½ pimiento verde, despepitado y en juliana

115 g (4 oz) de guisantes frescos sin sus vainas

HECHOS NUTRICIONALES	
Por persona	
Calorías 295	Calorías procedentes de grasas 216

	% Valor diario
Total de grasas 24 g	37%
Grasas saturadas 3,5 g	17,5%
Grasas monoinsaturadas 16,5 g	0%
Grasas poliinsaturadas 3 g	0%
Colesterol 0 mg	0%
Sodio 26 mg	1%
Total carbohidratos 15 g	5%
Fibra dietética 8 g	32%
Azúcares 9 g	0%
Proteínas 6 g	0%

El tanto por ciento del valor diario se basa en una dieta de 2.000 calorías.

ACOMPAÑAMIENTOS

Ensalada de champiñones, peras, judías verdes y nueces

Salsa caliente de remolacha con yogur y mostaza

Mojo de berenjena con pipas de girasol

Tempura vegetal japonesa

Alubias con salsa de tomate y cebolla

Patatas al pimentón en salsa picante

Ensalada de repollo y menta

Lombarda agridulce

Popurrí de hortalizas a la griega

Zanahorias glaseadas con cilantro

Hortalizas al estilo indio

Judías verdes especiadas

Arroz de piña y guindilla

Judías verdes con ajo y tomate

Calabacines con nueces

Ensalada de zanahorias marroquí

Patatas picantes estilo indio

Coles de Bruselas con aguacate

ENSALADA DE CHAMPIÑONES, PERAS, JUDÍAS VERDES Y NUECES

6 RACIONES

Esta ensalada de frutas, verduras y nueces, con su salsa agridulce, puede servirse con un plato principal, o si se prefiere como acompañamiento sustancioso, o sólo, como primer plato.

115 g (¼ lb) de judías verdes, peladas y partidas a la mitad

2 peras maduras, peladas, sin corazón y en rodajas

2 cucharaditas de zumo de limón

225 g (½ lb) de champiñones pequeños, pelados y a la mitad o laminados

1 lechuga bibb pequeña, lavada, escurrida y partida en trozos pequeños

85 g (3 oz) de nueces a la mitad

Aliño

1 cucharada de aceite de girasol

3 cucharadas de yogur natural desnatado

1 cucharada de miel clara

Sal y pimienta negra molida

HECHOS NUTRICIONALES	
Por persona	
Calorías 131	Calorías procedentes de grasas 72
	% Valor diario
Total de grasas 8 g	12%
Grasas saturadas 1 g	5%
Grasas monoinsaturadas 1 g	0%
Grasas poliinsaturadas 5 g	0%
Colesterol 1 mg	0,3%
Sodio 18 mg	0,75%
Total carbohidratos 12 g	4%
Fibra dietética 3,5 g	14%
Azúcares 12 g	0%
Proteínas 3 g	0%

El tanto por ciento del valor diario se basa en una dieta de 2.000 calorías.

≈ Cueza las hortalizas en agua hirviendo durante 2 minutos y escúrralas con un colador. Póngalas bajo el grifo de agua fría para que dejen de cocerse y escúrralas de nuevo.

≈ Espolvoree las rodajas de pera con el zumo de naranja y mézclelas en un cuenco con las judías, los champiñones, la lechuga y las nueces.

≈ Mezcle los ingredientes del aliño, y sazone la ensalada. Mézclela bien y sírvala.

SALSA CALIENTE DE REMOLACHA CON YOGUR Y MOSTAZA

4 RACIONES

Esta ensalada es frecuente en muchos países. La remolacha juega un papel importante también como parte de acompañamientos calientes. La receta es de origen centroeuropeo.

450 g (¼ lb) de remolacha lavada y
    pelada
Sal
180 g (6 oz) de yogur desnatado
1 cucharadita de harina de maíz
2 cucharaditas de mostaza en grano
1 diente de ajo machacado
1 cucharada de menta picada
Pimienta negra molida

Decoración
2 cebolletas, peladas y en rodajas
    finas

HECHOS NUTRICIONALES	
Por persona	
Calorías 76	Calorías procedentes de grasas 9
	% Valor diario
Total de grasas 1 g	1,5%
Grasas saturadas 0,2 g	1%
Grasas monoinsaturadas 0,3 g	0%
Grasas poliinsaturadas 0,2 g	0%
Colesterol 2 mg	0,6%
Sodio 148 mg	6%
Total carbohidratos 14 g	5%
Fibra dietética 3 g	12%
Azúcares 11 g	0%
Proteínas 4 g	0%

El tanto por ciento del valor diario se basa en una dieta de 2.000 calorías.

≈ Cueza la remolacha en agua hirviendo salada durante 30 minutos o hasta que esté tierna. Escúrrala y en cuanto esté lo suficientemente fría pélela. Si son muy pequeñas pueden dejarse enteras, y si no, pueden cortarse en rodajas o dados.

≈ Mezcle el yogur con la harina de maíz y viértalo en un cazo con la mostaza y el ajo. Caliéntelo a fuego lento y añada removiendo la remolacha. Cuando esté caliente, añada la menta y aderece con la pimienta. Sirva la salsa caliente, decorada con las rodajas de cebolleta.

MOJO DE BERENJENA CON PIPAS DE GIRASOL

4 RACIONES

1 cucharada de pipas de girasol

225 g (8 oz) de berenjena rallada

2-3 dientes de ajo machacados

Una pizca de sal

3-4 cucharadas de leche desnatada

225 g (8 oz) de yogur natural
   desnatado

1 cucharadita de edulcorante

¼ cucharadita de semillas de comino
   machacadas

¼ cucharaditas de pimienta negra
   molida

85 g (3 oz) de tomate triturado

Unas hojas de menta fresca o una
   pizca de menta seca

Una pizca de guindilla en polvo

HECHOS NUTRICIONALES	
Por persona	
Calorías 74	Calorías procedentes de grasas 27
	% Valor diario
Total de grasas 3 g	5%
Grasas saturadas 0,5 g	2,5%
Grasas monoinsaturadas 0,5 g	0%
Grasas poliinsaturadas 1 g	0%
Colesterol 3 mg	1%
Sodio 63 mg	3%
Total carbohidratos 8 g	3%
Fibra dietética 2 g	8%
Azúcares 7 g	0%
Proteínas 5 g	0%

El tanto por ciento del valor diario se basa en una dieta de 2.000 calorías.

≈ Tueste las pipas de girasol a fuego lento en una cacerola profunda durante un minuto, removiéndolas continuamente con una cuchara de palo. Apague el fuego y continúe removiendo las pipas hasta que se enfríe la sartén y después déjelas enfriar por completo.

≈ Hierva en una olla pequeña 4 cucharadas de agua con la berenjena, el ajo y una pizca de sal durante 2 o 3 minutos o hasta que la berenjena se haga puré; retírela del fuego y déjela enfriar.

≈ Bata la leche y el yogur en un cuenco hasta que se obtenga una mezcla homogénea; añada la berenjena, el azúcar, las semillas de comino y la pimienta, y mézclelo todo bien.

≈ Añada el tomate y las hojas de menta o la menta seca.

≈ Espolvoree con la guindilla y decore el plato con las pipas de girasol antes de servirlo.

TEMPURA VEGETAL AL ESTILO JAPONÉS

6 RACIONES

Este crujiente plato japonés maximiza el color y textura de una gran variedad de verduras. Puede servirse acompañando platos al horno o al grill o como plato único con arroz integral.

Salsa

5 cm (2 in) de raíz de jengibre pelada y rallada

2 cucharadas de salsa de soja

1 cucharadita de miel clara

100 ml (4 fl oz) de agua hirviendo

Verduras

340 g (12 oz) de cogollos de coliflor

2 zanahorias grandes peladas y en juliana

1 cebolla grande, partida en aros

1 pimiento rojo, despepitado y picado

115 g (4 oz) de champiñones pequeños, pelados y rebozados

Harina rebajada

Aceite de girasol para freír

Rebozado

115 g (4 oz) de harina integral

1 cucharada de harina de maíz

2 cucharadas de arruruz

300 ml (½ pt) de agua

≈ Prepare la salsa. En una fuente de horno, vierta la salsa de soja con el jengibre, la miel y el agua hirviendo por encima. Revuélvalo bien y déjelo enfriar.

≈ Para hacer el rebozado, mezcle los ingredientes en un cuenco y añada agua poco a poco, batiéndolo continuamente.

≈ Reboce las verduras con harina y agítelas para quitar la harina de sobra. Caliente el aceite en una sartén profunda.

≈ Con una espumadera, sumerja las verduras varias veces en el rebozado. Fría las verduras en varias tandas, recalentando el aceite entre una y otra hasta que estén doradas.

≈ Saque las verduras y déjelas sobre papel de cocina para que absorba el exceso de aceite. Sirva la tempura inmediatamente, presentando la salsa en una fuente aparte.

HECHOS NUTRICIONALES	
Por persona	
Calorías 225	Calorías procedentes de grasas 90
	% Valor diario
Total de grasas 10 g	15%
Grasas saturadas 1 g	5%
Grasas monoinsaturadas 2 g	0%
Grasas poliinsaturadas 6 g	0%
Colesterol 0 mg	0%
Sodio 12 mg	0,5%
Total carbohidratos 30 g	10%
Fibra dietética 5 g	20%
Azúcares 6 g	0%
Proteínas 4,5 g	0%

El tanto por ciento del valor diario se basa en una dieta de 2.000 calorías.

ALUBIAS CON SALSA DE TOMATE Y CEBOLLA

4 RACIONES

Esta receta se distingue de otras recetas de alubias con tomate por el toque del puñado de cebolla cruda picada muy fina y el detalle de un poco de cilantro o perejil en cada plato. Le dan al plato vitalidad, pero es importante utilizar una cebolla suave.

225 g (8 oz) de alubias blancas previamente remojadas durante la noche y escurridas

3 cucharadas de aceite de oliva virgen

3 dientes de ajo, picado fino

3 cucharadas de perejil picado

1 cucharada de romero y tomillo mezclados

1 hoja de laurel

Una pizca de orégano

¼-½ cucharadita de guindilla machacada

225 ml (8 fl oz) de agua

2 tomates grandes, pelados despepitados y en dados

Sal y pimienta negra molida

¼ de cebolla suave, picada fina

Cilantro picado fino o perejil para servir

≈ Cubra las alubias con agua en una olla y déjelas hervir 10 minutos a fuego rápido y luego a fuego lento otros 50 minutos o hasta que estén tiernas.

≈ Caliente el aceite, el ajo, las hierbas y la guindilla y fríalos durante 4 minutos. Añada el agua y, cuando hierva, cúbralo y déjelo cocer a fuego lento 5 minutos. Añada los tomates, tápelo de nuevo y déjelo hervir a fuego lento 4 minutos.

≈ Escurra las alubias e incorpórelas a la salsa de tomate poco a poco. Sazone y déjelo hervir a fuego lento 4 o 5 minutos.

≈ Sirva en cuatro platos soperos calientes con un cucharón y espolvoree con la cebolla picada y el cilantro o el perejil en el centro de cada plato.

HECHOS NUTRICIONALES		
Por persona		
Calorías 252	Calorías procedentes de grasas 80	
	% Valor diario	
Total de grasas 9 g	14%	
Grasas saturadas 1 g	5%	
Grasas monoinsaturadas 6 g	0%	
Grasas poliinsaturadas 1 g	0%	
Colesterol 0 mg	0%	
Sodio 30 mg	1%	
Total carbohidratos 31 g	10%	
Fibra dietética 14,5 g	58%	
Azúcares 4 g	0%	
Proteínas 13 g	0%	

El tanto por ciento del valor diario se basa en una dieta de 2.000 calorías.

74

PATATAS AL PIMENTÓN EN SALSA PICANTE

4 RACIONES

Las patatas pueden precocinarse y dejarse macerar en la salsa picante listas para recalentarlas cuando el plato esté listo.

1 kg de patatas, lavadas

Sal

1 cucharadita de aceite de girasol

1 cebolla mediana, picada

1 diente de ajo machacado

1 cucharada de pimentón

300 ml (10 fl oz) de caldo vegetal

300 g (8 oz) de tomate triturado en lata

½ cucharadita de carvi

1 pimiento verde pequeño, despepitado y picado

Pimienta negra molida

3 cucharadas de yogur natural desnatado

Decoración

2 cucharadas de perejil picado

≈ Cueza las patatas en agua hirviendo salada durante 5 minutos y escúrralas. Salvo que sean muy pequeñas, córtelas en rodajas de tamaño mediano.

≈ Caliente el aceite en una olla y fría el ajo y la cebolla a fuego medio durante 3 minutos o hasta que la cebolla esté blanda. Añada el pimentón y déjelo un minuto más. Vierta el caldo y añada los tomates (en su jugo), el carvi y el pimiento verde. Sazone con sal y pimienta, y añada las patatas y remueva bien. Cuando hierva, déjelo cocer a fuego lento 20 minutos o hasta que las patatas estén tiernas y la salsa haya espesado.

≈ Añada el yogur, pruebe la salsa y si fuese necesario sazónela de nuevo. Sirva el plato caliente decorado con perejil.

HECHOS NUTRICIONALES	
Por persona	
Calorías 153	Calorías procedentes de grasas 9
	% Valor diario
Total de grasas 1 g	0,5%
Grasas saturadas 0,2 g	1%
Grasas monoinsaturadas 0,2 g	0%
Grasas poliinsaturadas 0,6 g	0%
Colesterol 1 mg	0,3%
Sodio 40 mg	2%
Total carbohidratos 33 g	11%
Fibra dietética 4 g	16%
Azúcares 4,5 g	0%
Proteínas 5 g	0%

El tanto por ciento del valor diario se basa en una dieta de 2.000 calorías.

ENSALADA DE REPOLLO Y MENTA

6 RACIONES

El repollo es uno de los alimentos básicos de Rusia, pero en el sur se utilizan especias diferentes y la nata líquida da la textura de un yogur. Es una ensalada fresca que puede servirse como zakuska *o como acompañamiento en una comida campestre.*

1½ cucharadas de zumo de limón
2 cucharadas de vinagre blanco
1½ de aceite de girasol o de oliva
½ cucharadita de azúcar
Pimienta negra molida
1 cebolla grande
1 kg (2½ lb) de repollo
6 cucharadas de menta fresca picada fina

HECHOS NUTRICIONALES	
Por persona	
Calorías 89	Calorías procedentes de grasas 27
	% Valor diario
Total de grasas 3 g	5%
Grasas saturadas 0,4 g	2%
Grasas monoinsaturadas 2 g	0%
Grasas poliinsaturadas 0,4 g	0%
Colesterol 0 mg	0%
Sodio 15 mg	0,6%
Total carbohidratos 12 g	4%
Fibra dietética 6 g	24%
Azúcares 12 g	0%
Proteínas 3 g	0%

El tanto por ciento del valor diario se basa en una dieta de 2.000 calorías.

≈ Bata el zumo de limón y el vinagre en un cuenco grande. Añada aceite, azúcar y un buen puñado de pimienta batiéndolo. Parta por la mitad una cebolla y corte una cuarte parte de la cebolla en capas finas. Añada la cebolla y guarde el cuarto restante en papel de aluminio.
· Agregue el repollo y la menta y agítelo con suavidad. Mézclelo todo bien y déjelo enfriar al menos 3 horas.
· ≈ Antes de servir la ensalada pique el resto de la cebolla y espolvoréela en la fuente.

LOMBARDA AGRIDULCE

6 RACIONES

El repollo es un ingrediente importante en muchas tradiciones culinarias, especialmente en Rusia y Europa central. Este estofado de lombarda agridulce también resulta delicioso frío. Si prefiere utilizar repollo en lugar de lombarda, utilice vinagre de vino blanco o zumo de limón y azúcar blanca.

2 cucharadas de aceite vegetal
1 cebolla cortada a la mitad y en láminas finas
2 manzanas, peladas, sin corazón y en rodajas finas
1 lombarda, en cuatro trozos y picada
4 cucharadas de vinagre de vino tinto
2-3 cucharadas de azúcar moreno clara
100 ml (4 oz) de caldo vegetal o agua
Sal y pimienta negra molida

HECHOS NUTRICIONALES	
Por persona	
Calorías 108	Calorías procedentes de grasas 36
	% Valor diario
Total de grasas 4 g	6%
Grasas saturadas 0,4 g	2%
Grasas monoinsaturadas 0,5 g	0%
Grasas poliinsaturadas 2,5 g	0%
Colesterol 0 mg	0%
Sodio 16 mg	0,6%
Total carbohidratos 17 g	6%
Fibra dietética 5 g	20%
Azúcares 17 g	0%
Proteínas 2 g	0%

El tanto por ciento del valor diario se basa en una dieta de 2.000 calorías.

≈ Caliente el aceite en una sartén que no sea de aluminio, grande y profunda, a fuego medio. Añada la cebolla y fríala hasta que esté dorada y blanda. Añada las rodajas de manzana y déjelas 2-3 minutos o hasta que empiecen a tostarse.
· ≈ Añada la lombarda y el resto de ingredientes. Hiérvalo todo a fuego lento con tapa hasta que el repollo esté blando. Destape la sartén y déjela al fuego hasta que absorba todo el líquido. Sirva la lombarda con una cuchara en cuencos.

POPURRÍ DE HORTALIZAS A LA GRIEGA

4 RACIONES

Lo mejor de este plato —un popurrí de verduras en salsa picante— es que puede utilizarse cualquier producto de temporada y combinar verduras más caras con otras más baratas.

2 pencas de apio pequeñas sin la parte exterior y en trozos de ½ cm (1 in)

340 g (¾ lb) de zanahorias peladas y cortadas en juliana

225 g (½ lb) de chícharos pelados

115 g (¼ lb) de cebollas pequeñas o chalotes pelados y enteros

2 cucharadas de cilantro o menta

Salsa

4 cucharadas de puré de tomate

100 ml (4 fl oz) de sidra seca

100 ml (4 fl oz) de agua

2 dientes de ajo, picados finos

1 cucharada de aceite de girasol

1 cucharadita de semillas de mostaza, ligeramente molidas

Sal y pimienta negra molida

1 hoja de laurel

≈ Para hacer la salsa, hierva en una olla tapada todos los ingredientes a fuego lento durante 20 minutos o hasta que se reduzca el líquido y espese la salsa.

≈ Añada el apio, las zanahorias, los chícharos y las cebollas. Cuando hierva, tape la olla y deje cocer durante 10 minutos o hasta que las verduras estén tiernas. Retire el laurel y añada revolviendo la mitad de las especias.

≈ Sirva la salsa templada como acompañamiento del plato principal, bien fría o templada, como primer plato. Espolvoree la salsa con el resto de las especias antes de servirla.

HECHOS NUTRICIONALES	
Por persona	
Calorías 114	Calorías procedentes de grasas 32
	% Valor diario
Total de grasas 3,5 g	5%
Grasas saturadas 0,5 g	2,5%
Grasas monoinsaturadas 0,75 g	0%
Grasas poliinsaturadas 2 g	0%
Colesterol 0 mg	0%
Sodio 107 mg	4%
Total carbohidratos 15 g	5%
Fibra dietética 7 g	28%
Azúcares 13 g	0%
Proteínas 4 g	0%

El tanto por ciento del valor diario se basa en una dieta de 2.000 calorías.

ZANAHORIAS GLASEADAS CON CILANTRO

4 RACIONES

La afinidad entre las zanahorias y las naranjas no se debe sólo a su color. Ésta es una versión baja en grasas de las zanahorias glaseadas y revitalizadas con el cilantro.

565 g (1¼ lb) de zanahorias, peladas
   y cortadas en juliana

4 pencas de apio en rodajas finas

El zumo y la ralladura de ½ naranja

100 ml (4 fl oz) de caldo vegetal

1 cucharadita de semillas de cilantro
   ligeramente molidas

Sal y pimienta negra molida

Decoración

1 cucharada de cilantro picado o
   menta

≈ En una olla, mezcle las zanahorias, el zumo y la ralladura de naranja, el caldo y el cilantro, y sazónelo con sal y pimienta. Cuézalo todo hasta que hierva y continúe cociéndolo a fuego lento sin tapa hasta que las hortalizas estén tiernas y la mayor parte del líquido se haya evaporado, con cuidado de que no se seque demasiado, en cuyo caso puede añadir un poco más de zumo de naranja o caldo.

≈ Espolvoree con las especias picadas y sirva el plato caliente.

HECHOS NUTRICIONALES	
Por persona	
Calorías 52	Calorías procedentes de grasas 5
	% Valor diario
Total de grasas 0,5 g	0,8%
Grasas saturadas 0,1 g	0,5%
Grasas monoinsaturadas 0 g	0%
Grasas poliinsaturadas 0,3 g	0%
Colesterol 0 mg	0%
Sodio 53 mg	2%
Total carbohidratos 12 g	4%
Fibra dietética 5 g	20%
Azúcares 11 g	0%
Proteínas 1 g	0%

El tanto por ciento del valor diario se basa en una dieta de 2.000 calorías.

HORTALIZAS AL ESTILO INDIO

4 RACIONES

115 g (¼ lb) de coliflor

115 g (¼ lb) de judías verdes

115 g (¼ lb) de pimientos verdes

3 cucharadas de aceite

3-4 guindillas secas partidas

1 cucharadita de semillas de comino

¼ cucharadita de cúrcuma

½ cucharadita de sal

115 g (¼ lb) de zanahorias

85 g (3 oz) de tomates picados

2 cucharaditas de raíz de jengibre
    rallada

3-4 dientes de ajo picados o
    machacados

1 guindilla verde picada

2-3 cucharadas de cilantro picado

HECHOS NUTRICIONALES	
Por persona	
Calorías 111	Calorías procedentes de grasas 80
	% Valor diario
Total de grasas 9 g	14%
Grasas saturadas 1 g	5%
Grasas monoinsaturadas 2 g	0%
Grasas poliinsaturadas 6 g	0%
Colesterol 0 mg	0%
Sodio 12 mg	0,5%
Total carbohidratos 6 g	2%
Fibra dietética 3 g	12%
Azúcares 5 g	0%
Proteínas 2 g	0%

El tanto por ciento del valor diario se basa en una dieta de 2.000 calorías.

≈ Corte la coliflor en cogollos pequeños. Pele las judías verdes y corte cada una en 3 o 4 pedazos.

≈ Corte los pimientos rojos y verdes en cuadraditos pequeños. Raspe las zanahorias y córtelas en dados.

≈ Caliente el aceite a fuego medio en una sartén profunda, añada las guindillas (cortándolas sobre la sartén) y las semillas de comino. Cuando empiecen a chisporrotear, añada la cúrcuma y la sal.

· Remueva bien y añada el resto de hortalizas, incluyendo el tomate. Mezcle y déjelo todo cocer a fuego lento 2 minutos.

· ≈ Añada el jengibre, el ajo y las guindillas verdes y mézclelo todo bien.

· ≈ Baje el fuego, tape la sartén bien y cueza las hortalizas en su vapor durante 12-15 minutos.

· ≈ Añada el cilantro picado y sirva el plato.

JUDÍAS VERDES ESPECIADAS

4 RACIONES

Si se marinan las judías verdes por la mañana temprano puede servir este exótico plato para la cena. También puede servirse sin problema en una comida campestre.

≈ Cueza las judías en agua hirviendo durante 3 o 4 minutos hasta que empiecen a estar tiernas. Escúrralas y póngalas bajo el grifo de agua fría y escúrralas de nuevo.

≈ En una fuente de cristal bata el resto de los ingredientes. Añada las judías verdes y mézclelas bien hasta que se impregnen. Refrigere el plato durante al menos 3 horas. Sírvalo frío.

450 g (1 lb) de judías verdes frescas
   sin los extremos
2 cucharadas de aceite vegetal
2 cucharadas de vinagre de vino
   blanco
1 cucharada de zumo de limón
   recién exprimido
1 cucharadita de mostaza criolla
1 diente de ajo picado fino
1 cebolleta picada fina
1 cucharadita de guindilla roja picada
¼ cucharadita de sal

HECHOS NUTRICIONALES	
Por persona	
Calorías 79	Calorías procedentes de grasas 54
	% Valor diario
Total de grasas 6 g	9%
Grasas saturadas 1 g	15%
Grasas monoinsaturadas 1 g	0%
Grasas poliinsaturadas 4 g	0%
Colesterol 0 mg	0%
Sodio 15 mg	0,6%
Total carbohidratos 4 g	1%
Fibra dietética 3,5 g	14%
Azúcares 3 g	0%
Proteínas 2 g	0%

El tanto por ciento del valor diario se basa en una dieta de 2.000 calorías.

ARROZ DE PIÑA Y GUINDILLA

4 RACIONES

1 piña fresca grande o 2 medianas

2 cucharadas de aceite de girasol

1 pimiento rojo despepitado y picado

225 g (8 oz) de calabacines pelados y en dados

6 cebolletas peladas y cortadas en diagonal

285 g (10 oz) de arroz de grano largo

6 jalapeños en conserva escurridos y picados

Sal y pimienta negra molida

2 cucharadas de piñones tostados

3 cucharadas de cilantro fresco picado

Queso bajo en contenido graso rallado

≈ Abra la piña haciendo un corte longitudinal en la mitad y extraiga la parte carnosa. Guarde las dos mitades. Tire la parte central y corte la carnosa en dados.

≈ Caliente el aceite en una olla y saltee el pimiento rojo y los calabacines durante 5 minutos o hasta que estén blandos. Añada las cebolletas y saltéelas un minuto más. Mezcle el arroz con las guindillas rojas, el aderezo y la piña guardada anteriormente.

≈ Caliéntelo todo junto durante 5 minutos lentamente o hasta que esté caliente. Sírvalas en las cáscaras guardadas anteriormente, con queso rallado bajo en contenido graso.

HECHOS NUTRICIONALES	
Por persona Calorías 267	Calorías procedentes de grasas 80
	% Valor diario
Total de grasas 9 g	14%
Grasas saturadas 1 g	5%
Grasas monoinsaturadas 2 g	0%
Grasas poliinsaturadas 5 g	0%
Colesterol 2 mg	0,6%
Sodio 9 mg	0,4%
Total carbohidratos 42 g	14%
Fibra dietética 4,5 g	18%
Azúcares 19 g	0%
Proteínas 7 g	0%

El tanto por ciento del valor diario se basa en una dieta de 2.000 calorías.

JUDÍAS VERDES CON AJO Y TOMATE

4 RACIONES

1 cucharada de aceite vegetal

1 cebolla picada fina

4 dientes de ajo picados finos

3 guindillas verdes grandes
despepitadas y cortadas en tiras
diagonales

1 cucharadita de cilantro picado

½ cucharadita de comino molido

2 tomates maduros blanqueados,
pelados, despepitados y cortados
en trozos grandes

450 g (1 lb) de judías verdes, lavadas,
peladas y cortadas a la mitad

½ cucharadita de azúcar

Una pizca de sal

2 cucharadas de cilantro fresco
picado

HECHOS NUTRICIONALES	
Por persona	
Calorías 72	Calorías procedentes de grasas 32
	% Valor diario
Total de grasas 3,5 g	5%
Grasas saturadas 0,5 g	2,5%
Grasas monoinsaturadas 0,5 g	0%
Grasas poliinsaturadas 2 g	0%
Colesterol 0 mg	0%
Sodio 5 mg	0,2%
Total carbohidratos 7 g	2%
Fibra dietética 4,5 g	18%
Azúcares 6 g	0%
Proteínas 3 g	0%

El tanto por ciento del valor diario se basa en una dieta de 2.000 calorías.

≈ Caliente el aceite en una sartén y saltee la cebolla, el ajo y las guindillas verdes con poco aceite durante 2 minutos.

≈ Añada el cilantro molido y el comino, agítelo bien y añada los tomates cortados y las judías verdes. Remuévalo todo y tape la sartén durante 5 minutos. Quite la tapa, añada el azúcar y una pizca de sal y revuelva durante un minuto. Añada el cilantro fresco, revuelva 30 segundos y cámbielo a una fuente caliente.

CALABACINES CON NUECES

4 RACIONES

3 cucharadas de aceite de oliva

675 g (1 ½ lb) de calabacines lavados, pelados y en rodajas finas

Sal y pimienta negra molida

225 g (8 oz) de nueces machacadas

Una pizca de pimienta de Jamaica

2 cucharadas de perejil picado fino

≈ Caliente el aceite en una sartén grande y saltee los calabacines, removiendo 5 minutos o hasta que estén blandos. Sazónelos con sal y pimienta y añada las nueces y la pimienta de Jamaica.

≈ Componga el plato, retírelo del fuego y distribuya el perejil por encima. Sírvalo inmediatamente.

HECHOS NUTRICIONALES	
Por persona	
Calorías 234	Calorías procedentes de grasas 200
	% Valor diario
Total de grasas 22 g	34%
Grasas saturadas 2 g	10%
Grasas monoinsaturadas 8 g	0%
Grasas poliinsaturadas 10 g	0%
Colesterol 0 mg	0%
Sodio 3 mg	0,1%
Total carbohidratos 4 g	1%
Fibra dietética 3 g	12%
Azúcares 4 g	0%
Proteínas 6 g	0%

El tanto por ciento del valor diario se basa en una dieta de 2.000 calorías.

ENSALADA DE ZANAHORIAS MARROQUÍ

4 RACIONES

Es una de las ensaladas más populares en Oriente Medio, especialmente en Israel. Es un plato dulce, especiado y colorido. Pueden utilizarse zanahorias crudas, pero lo más habitual es cocerlas antes de rallarlas.

450 g (1 lb) de zanahorias peladas y cocidas hasta que empiecen a estar tiernas, guardando el líquido

2 cucharadas de aceite vegetal

2 dientes de ajo, pelados y picados fino

1 cucharadita de sal

1½ cucharaditas de comino

½ cucharadita de guindilla roja picada, pimienta de cayena o salsa de pimiento rojo

1 cucharadita de azúcar

2-3 cucharadas de perejil fresco picado

3-4 cucharadas de zumo de limón

Decoración

1 manojo de perejil fresco

≈ Con un multiusos equipado con un rallador o con un rallador manual, ralle las zanahorias en una fuente y resérvelas.

≈ En una sartén, caliente el aceite a fuego medio. Añada el ajo picado y sofríalo hasta que el ajo empiece a ablandarse y tostarse, 2 o 3 minutos. Añada la sal, el comino, la guindilla roja, la cayena o la salsa de pimiento rojo, y el azúcar; mézclelo todo bien.

≈ Añada el perejil picado y el zumo de limón. Vierta lentamente 100-175 ml (4-6 oz) del líquido de cocer las zanahorias. Cuando empiece a hervir, cuézalo a fuego lento durante 3-5 minutos y a continuación viértalo sobre las zanahorias.

≈ Con una cuchara, presente el plato en una fuente y decorado con el perejil.

HECHOS NUTRICIONALES	
Por persona	
Calorías 97	Calorías procedentes de grasas 54
	% Valor diario
Total de grasas 6 g	9%
Grasas saturadas 1 g	5%
Grasas monoinsaturadas 1 g	0%
Grasas poliinsaturadas 4 g	0%
Colesterol 0 mg	0%
Sodio 28 mg	1%
Total carbohidratos 11 g	4%
Fibra dietética 4 g	16%
Azúcares 10 g	0%
Proteínas 1 g	0%

El tanto por ciento del valor diario se basa en una dieta de 2.000 calorías.

PATATAS PICANTES ESTILO INDIO

6 RACIONES

Es un plato típico de los judíos bene de Israel que viven en Bombai. El añadir los guisantes le da un toque de color.

1⅓ kg (3 lb) de patatas nuevas o rojas, sin pelar y cortadas en trozos

4 cucharadas de aceite vegetal

Sal

½ cucharadita de cúrcuma

½ cucharadita de comino molido

½ cucharadita de guindilla en polvo

½ cucharadita de guindilla roja, o ½ cucharadita de pimienta de cayena

½ cucharadita de curry en polvo o garam masala

2 cucharaditas de zumo de limón

225 g (8 oz) de guisantes (opcional)

Decoración

Hojas de cilantro fresco (opcional)

≈ Vierta las patatas en una olla grande, cubriéndolas de agua fría, y coloque la olla a fuego vivo. Cuando empiece a hervir, siga cociéndolas a fuego lento hasta que las patatas estén tiernas. No las cueza demasiado. Escurra las patatas y aclárelas.

≈ Pele las patatas y córtelas en dados. En una olla grande, caliente 4 cucharadas de aceite a fuego medio. Añada la cúrcuma, el comino, la guindilla en polvo, la guindilla roja molida o la cayena, el curry en polvo o garam masala, y la sal al gusto, y mézclelo todo bien.

≈ Añada la patata y revuelva, con un poco más de aceite si fuese necesario. Añada el zumo de limón y unos 50 ml (2 fl oz) de agua. Cueza las patatas tapadas 5 minutos.

≈ Destape la olla y añada los guisantes si lo desea. Hiérvalos durante 2 o 3 minutos más o hasta que estén calientes. Sirva las patatas decoradas con hojas frescas de cilantro si lo desea.

HECHOS NUTRICIONALES	
Por persona	
Calorías 252	Calorías procedentes de grasas 72
	% Valor diario
Total de grasas 8 g	12%
Grasas saturadas 1 g	5%
Grasas monoinsaturadas 1,5 g	0%
Grasas poliinsaturadas 5 g	0%
Colesterol 0 mg	0%
Sodio 28 mg	1%
Total carbohidratos 42 g	14%
Fibra dietética 4,5 g	18%
Azúcares 4 g	0%
Proteínas 5 g	0%

El tanto por ciento del valor diario se basa en una dieta de 2.000 calorías.

COLES DE BRUSELAS CON AGUACATE

4 RACIONES

Las coles de Bruselas parecen ser aburridas y suelen asociarse a comidas familiares y verduras demasiado pasadas; pero si se hierven ligeramente o se hacen al vapor para que estén un poco crujientes, son muy apropiadas para platos tradicionales, y un ingrediente versátil para el cocinero audaz. Esta receta puede servirse como acompañamiento o con arroz u otros cereales, como cuscús.

675 g (1½ lb) de coles de Bruselas
1 cucharada de aceite
1 cebolla picada
1 diente de ajo machacado
   (opcional)
3 cucharadas de piñones o
   almendras blanqueadas y abiertas
1 cucharadita de orégano
3 cucharadas de uvas pasas
Sal y pimienta negra molida
2 aguacates maduros
Zumo de ½ limón
2 cucharadas de menta o perejil
   picados

≈ Corte las coles de Bruselas a la mitad, salvo que sean muy pequeñas. Échelas en agua hirviendo y, cuando vuelva a hervir, cuézalas 2 o 3 minutos, escúrralas y guárdelas para luego.

≈ Caliente el aceite. Añada la cebolla, el ajo (si se desea), los piñones, el orégano y las uvas pasas, y un buen chorro de aderezo. Fríalo todo a fuego lento durante 15 minutos o hasta que las cebollas estén blandas, removiendo con frecuencia.

≈ Mientas tanto, parta los aguacates a la mitad, saque el hueso, divídalos en cuatro trozos y pélelos. Córtelos en trocitos y báñelos en zumo de limón.

≈ Añada las coles al sofrito de cebolla, removiendo durante unos 2 minutos o hasta que estén muy calientes.

≈ Añada los aguacates y el perejil o la menta, y déjelo al fuego unos 3 minutos o hasta que el aguacate esté caliente y un poco cremoso. Sírvalo inmediatamente.

HECHOS NUTRICIONALES	
Por persona	
Calorías 301	Calorías procedentes de grasas 216

	% Valor diario
Total de grasas 24 g	37%
Grasas saturadas 4 g	20%
Grasas monoinsaturadas 11 g	0%
Grasas poliinsaturadas 8 g	0%
Colesterol 0 mg	0%
Sodio 17 mg	0,7%
Total carbohidratos 12,5 g	4%
Fibra dietética 2 g	8%
Azúcares 9 g	0%
Proteínas 9 g	0%

El tanto por ciento del valor diario se basa en una dieta de 2.000 calorías.

POSTRES

Corona de albaricoque

Sorbete de grosella negra

Pastel de ruibarbo con cobertura de avena

Rodajas de frutas exóticas con dátiles

Sorbete de naranja

Tarta de merengue de albaricoques con praliné

Merengue de piña

Pudín de verano

Crema de queso

Compota de fruta variada

Compota de melón y nueces

Capricho de yogur

Peras con casis

Gelatina de fresa

Copos de avena al whisky con moras

CORONA DE ALBARICOQUE

6 RACIONES

El color dorado y la textura refulgente hacen que éste sea un atractivo postre que además tiene la virtud añadida de poseer un alto contenido en fibra gracias a los albaricoques.

85 g (3 oz) de azúcar moreno clara
   no refinada

1 naranja pequeña

½ l (1 pt) de agua

450 g (1 lb) de manzanas de cocinar,
   peladas, sin corazón y en rodajas

340 g (¾ lb) de orejones de
   albaricoques, previamente
   dejados a remojo durante la
   noche y escurridos

2 cucharadas de gelatina en polvo

Decoración

Hierbas aromáticas frescas

HECHOS NUTRICIONALES	
Por persona	
Calorías 181	Calorías procedentes de grasas 5
	% Valor diario
Total de grasas 0,5 g	0,8%
Grasas saturadas 0 g	0%
Grasas monoinsaturadas 0 g	0%
Grasas poliinsaturadas 0 g	0%
Colesterol 0 mg	0%
Sodio 48 mg	2%
Total carbohidratos 41 g	14%
Fibra dietética 8 g	32%
Azúcares 41 g	0%
Proteínas 6 g	0%

El tanto por ciento del valor diario se basa en una dieta de 2.000 calorías.

≈ En una olla, hierva lentamente el agua, el azúcar y una tira de la piel de naranja, y remueva de vez en cuando hasta que el azúcar se disuelva. Hiérvalo a fuego vivo durante 3 minutos, añada las rodajas de manzana y póchelas a fuego lento durante unos 8 minutos o hasta que tengan aspecto translúcido y estén tiernas. Con una espumadera saque las manzanas y resérvelas para luego.

≈ Añada los albaricoques y el zumo de naranja al sirope y, cuando empiece a hervir, cuézalo a fuego lento 20 minutos o hasta que la fruta esté tierna. Saque la piel de naranja y bata la fruta con una batidora o una licuadora.

≈ Espolvoree la gelatina sobre 3 cucharadas de agua caliente en un cuenco y caliéntelo al baño María hasta que se disuelvan los cristales de gelatina. Una la gelatina disuelta al puré de fruta y déjelo enfriar.

≈ Aclare un molde de un litro (2 pints) con agua fría, haga una capa con las rodajas de manzana y vierta por encima el puré de albaricoque. Cubra el molde y enfríelo en la nevera unas 2 horas o hasta que adquiera una textura firme.

≈ Para desmoldar el bizcocho recorra los bordes del molde con un cuchillo e introduzca el molde un instante en agua caliente. Ayudándose de un plato llano, déle la vuelta al molde y agítelo para que caiga la fruta. Decore el bizcocho con hierbas aromáticas frescas.

SORBETE DE GROSELLA NEGRA

4 RACIONES

Contar con algún sorbete de frutas en el congelador es reconfortante. Puede recurrirse a ellos cuando se dispone de poco tiempo o como toque glamuroso.

≈ Mezcle en una olla las grosellas negras, la miel, el azúcar y el agua, y cuézalo a fuego lento unos 15 minutos o hasta que la fruta se ablande removiendo de vez en cuando. Déjelo enfriar.

≈ Cuele la fruta y el zumo y échelo en una bandeja para hacer cubitos de hielo o un recipiente para congelar. Cúbralo con papel de aluminio o una tapa, y congélelo 1-2 horas hasta que la mezcla esté blanda y empiece a sobresalir.

≈ Ponga las claras a punto de nieve. Incorpore el puré de fruta en un cuenco previamente enfriado y mézclelo con las claras hasta que queden unidos. Vuelva a echar la mezcla en el recipiente, cúbralo y congélelo otras 2 horas o hasta que adquiera solidez. Remuévalo un poco.

≈ Antes de servir, ablande un poco el sorbete, dejándolo 30 minutos en la nevera. Sírvalo en copas individuales decoradas con un ramillete de menta si lo desea.

450 g (1 lb) de grosellas negras, frescas o congeladas
4 cucharadas de miel clara
100 g (3 ½ oz) de azúcar
150 ml (5 fl oz) de agua
2 claras de huevo

Decoración

Un manojo de menta fresca (opcional)

HECHOS NUTRICIONALES		
Por persona Calorías 189	Calorías procedentes de grasas 0	
		% Valor diario
Total de grasas 0 g		0%
Grasas saturadas 0 g		0%
Grasas monoinsaturadas 0 g		0%
Grasas poliinsaturadas 0 g		0%
Colesterol 0 mg		0%
Sodio 37 mg		1,5%
Total carbohidratos 48 g		16%
Fibra dietética 5,5 g		22%
Azúcares 48 g		0%
Proteínas 2,5 g		0%

El tanto por ciento del valor diario se basa en una dieta de 2.000 calorías.

PASTEL DE RUIBARBO
CON COBERTURA DE AVENA

4 RACIONES

Aquellos miembros de la familia a los que les guste el pudín al estilo tradicional, adorarán su capa de fruta acaramelada recubierta de la mezcla de avena.

450 g (1 lb) de ruibarbo, pelado y
    cortado en trozos de 2,5 cm (1 in)

Ralladura y zumo de una naranja

1 cucharada de agua

60 g (2 oz) de dátiles despepitados y
    troceados

2 cucharadas de miel clara

Cobertura

210 g (7½ oz) de pan rallado integral

140 g (5 oz) de copos de avena

85 g (3 oz) de margarina
    poliinsaturada fundida

60 g (2 oz) de azúcar moreno clara
    no refinada

≈ Precaliente el horno a 180 °C (350 °F) o en la posición 4. Mezcle en una fuente de hornear de 1,5 l (2½ pint) el ruibarbo, el zumo y la ralladura de naranja, el agua, los dátiles y la miel.

≈ Para la cobertura, mezcle el pan rallado, los copos de avena, la margarina y el azúcar, y cubra la fruta con la mezcla. Hornee el pastel unos 35 minutos o hasta que la cobertura esté dorada. Sírvalo muy caliente.

HECHOS NUTRICIONALES	
Por persona	
Calorías 379	Calorías procedentes de grasas 162

	% Valor diario
Total de grasas 18 g	28%
Grasas saturadas 4 g	20%
Grasas monoinsaturadas 6 g	0%
Grasas poliinsaturadas 8 g	0%
Colesterol 0 mg	0%
Sodio 262 mg	11%
Total carbohidratos 51 g	17%
Fibra dietética 7 g	28%
Azúcares 28 g	0%
Proteínas 6 g	0%

El tanto por ciento del valor diario se basa en una dieta de 2.000 calorías.

RODAJAS DE FRUTAS EXÓTICAS CON DÁTILES

6 RACIONES

La ensalada de fruta siempre ha sido un postre muy popular. Casi todas las frutas de temporada están deliciosas en rodajas y en su jugo o con purés de frutas. Ésta no es una receta tradicional sino una selección de frutas exóticas mezcladas en rodajas. El melón ogen y las naranjas de Israel son tan dulces como el azúcar. California produce una excelente variedad de dátiles, el Medjool, que es el que se recomienda para este postre.

1 melón ogen o cantalupo, despepitado, pelado y en rodajas finas

3 naranjas dulces sin pepitas, peladas y en gajos, guardando su jugo

1 mango, pelado y en rodajas finas

24 lichis pelados o 450 g (16 oz) de lichis en conserva en su jugo

12 dátiles Medjool cortados en dos trozos longitudinalmente y despepitados

1 granada cortada a la mitad, guardando las semillas (opcional)

Decoración

Hojas de menta fresca

≈ Coloque las rodajas de fruta en 6 platos en forma de abanico, con las rodajas de mango y naranjas creando un diseño sobre las de melón.

≈ Distribuya en cada plato lichis frescos o en conserva y riéguelos con el zumo de las frutas.

≈ Coloque 4 mitades de dátil y algunas semillas de granada en cada plato. Decórelos con hojas de menta fresca y sírvalos.

HECHOS NUTRICIONALES	
Por persona	
Calorías 165	Calorías procedentes de grasas 4
	% Valor diario
Total de grasas 0,4 g	0,6%
Grasas saturadas 0,03 g	0,15%
Grasas monoinsaturadas 0,03 g	0%
Grasas poliinsaturadas 0,03 g	0%
Colesterol 0 mg	0%
Sodio 31 mg	1%
Total carbohidratos 40 g	13%
Fibra dietética 6,5 g	26%
Azúcares 38 g	0%
Proteínas 3 g	0%

El tanto por ciento del valor diario se basa en una dieta de 2.000 calorías.

SORBETE DE NARANJA

6 RACIONES

Los sorbetes y helados de cítricos son un postre ideal después de cualquier comida. Si se les añaden claras de huevo a punto de nieve, se consigue una textura cremosa, pero pueden suprimirse si se prefieren más congelados. Si se licúa la mezcla, se rompe el hielo y resulta más suave.

250 ml (8 fl oz) de agua

225 g (8 oz) de azúcar

Ralladura y zumo de un limón

Ralladura de 3 naranjas

½ l (1 pt) de zumo de naranja recién exprimido y colado

2 claras de huevo a punto de nieve

Hojas frescas de menta para decoración

Cointreau para servir

≈ Mezcle en una olla pequeña el azúcar, el limón, la ralladura de naranja y el agua. Cuézalo a fuego lento hasta que empiece a hervir, removiendo hasta que se disuelva el azúcar. Déjelo hervir 5 minutos, retírelo del fuego, déjelo enfriarse y guárdelo en la nevera.

≈ Mezcle los zumos de limón y naranja con el sirope enfriado y cuélelos si quiere una textura suave.

≈ Si se utiliza una heladera, congélelo con las instrucciones del fabricante.

≈ Si no, colóquelo en un cuenco metálico e introdúzcalo en el congelador durante 3 o 4 horas o hasta que empiece a congelarse. Lícuelo con una licuadora con hoja metálica, quitando antes la capa congelada, hasta que esté cremoso (unos 30-45 segundos). Viértalo de nuevo en el cuenco metálico y congélelo durante una hora y media. Vuelva a licuarlo con las claras de huevos a punto de nieve hasta que se una y esté cremoso (unos 30 segundos). Congélelo hasta que se solidifique (unas 3-4 horas).

≈ Deje que se ablande a temperatura ambiente 5 minutos. Decórelo con hojas de menta fresca y deje que cada cual se sirva la cantidad de licor que quiera.

HECHOS NUTRICIONALES	
Por persona	
Calorías 178	Calorías procedentes de grasas 0
	% Valor diario
Total de grasas 0 g	0%
Grasas saturadas 0 g	0%
Grasas monoinsaturadas 0 g	0%
Grasas poliinsaturadas 0 g	0%
Colesterol 0 mg	0%
Sodio 24 mg	1%
Total carbohidratos 46 g	15%
Fibra dietética 1 g	4%
Azúcares 46 g	0%
Proteínas 1 g	0%

El tanto por ciento del valor diario se basa en una dieta de 2.000 calorías.

TARTA DE MERENGUE DE ALBARICOQUES CON PRALINÉ

6 RACIONES

Un postre espectacular para deleitar al final de una comida especial.

225 g (½ lb) de orejones de albaricoque en trozos

300 ml (10 oz) de zumo de naranja

180 g (6 oz) de yogur natural desnatado

Praliné

6 cucharadas de miel

30 g (1 oz) de azúcar de flor

115 g (4 oz) de almendras blanqueadas partidas

Aceite para untar

Merengue

3 claras de huevo

150 g (5 oz) de azúcar granulada

HECHOS NUTRICIONALES		
Por persona		
Calorías 366	Calorías procedentes de grasas 90	
		% Valor diario
Total de grasas 10 g		15%
Grasas saturadas 1 g		5%
Grasas monoinsaturadas 6 g		0%
Grasas poliinsaturadas 3 g		0%
Colesterol 1 mg		0,3%
Sodio 79 mg		3%
Total carbohidratos 64 g		21%
Fibra dietética 6 g		24%
Azúcares 64 g		0%
Proteínas 8 g		0%

El tanto por ciento del valor diario se basa en una dieta de 2.000 calorías.

≈ Macere los orejones en el zumo de naranja durante al menos 2 horas o durante toda la noche. Cuézalos en un cazo a fuego lento unos 20 minutos o hasta que la fruta esté tierna. Déjelos enfriar y bata los albaricoques y el jugo con una batidora o una licuadora. Añada el yogur.

≈ Para hacer el praliné, haga un caramelo con la miel y el azúcar en un cazo hasta que esté denso. Apártelo del fuego y añada las almendras. Viértalo en un molde metálico engrasado y déjelo enfriar.

≈ Caliente el horno a 135 °C (275 °F) o en la posición 1. Para hacer el merengue, bata las claras a punto de nieve. Agregue el azúcar y bátalas de nuevo hasta que la mezcla esté homogénea y brillante. Añada el resto del azúcar.

≈ Forre una fuente con papel engrasado y forme un nido con el merengue. Cuézalo en el horno una hora o hasta que el merengue se solidifique. Déjelo enfriar, quite el papel y coloque el nido en una bandeja.

≈ Deshaga el praliné con la batidora. Antes de servir, rellene los nidos de merengue con el puré de albaricoque y espolvoréelo con el praliné.

MERENGUE DE PIÑA

6 RACIONES

*Los aros de la piña tostados al grill y cubiertos con merengue son un postre
impresionante para cualquier cena.*

≈ Forre la fuente de hornear con papel
de aluminio. En un cuenco pequeño,
mezcle las uvas pasas, el zumo y la ralladura de naranja.

≈ Unte los aros de piña con la mitad de
la margarina y tuéstelos al grill durante
4 o 5 minutos (a media potencia).

≈ Unte el dorso con el resto de la margarina y tuéstelos otros 4 o 5 minutos
aproximadamente.

≈ Bata las claras de huevo a punto de
nieve. Una la mitad del azúcar y continúe batiendo hasta que la mezcla esté
firme y brillante. Una el resto del azúcar y las almendras.

≈ Rellene los centros de los aros con la
pasta de pasas y cúbralos con el merengue, ayudándose de una manga paste-
lera. Tuéstelos ligeramente durante 2 o
3 minutos y sírvalos calientes.

60 g (2 oz) de pasas sultana

2 cucharadas de zumo de naranja

1 cucharadita de ralladura de naranja

1 piña pelada sin corazón y cortada
en 6 aros

2 cucharadas de margarina
poliinsaturada derretida

Merengue

2 claras de huevo

130 g (4½ oz) de azúcar moreno
claro

2 cucharadas de almendras tostadas
troceadas

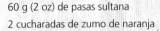

HECHOS NUTRICIONALES	
Por persona	
Calorías 162	Calorías procedentes de grasas 54

	% Valor diario
Total de grasas 6 g	9%
Grasas saturadas 1 g	5%
Grasas monoinsaturadas 3 g	0%
Grasas poliinsaturadas 2 g	0%
Colesterol 0 mg	0%
Sodio 62 mg	2,5%
Total carbohidratos 26 g	9%
Fibra dietética 1,5 g	6%
Azúcares 26 g	0%
Proteínas 2 g	0%

*El tanto por ciento del valor diario se basa en
una dieta de 2.000 calorías.*

PUDÍN DE VERANO

6 RACIONES

Este tradicional pudín inglés es una excusa perfecta para celebrar la recolecta de las bayas, aunque también puede hacerse con bayas congeladas.

1 kg (2¼ lb) de bayas, como frambuesa, grosella y grosella negra

4 cucharadas de azúcar blanquilla o morena no refinada o al gusto

3-4 cucharadas de agua

8 rodajas de pan integral de una hogaza grande sin migas

Decoración

Hierbas aromáticas (opcional)

HECHOS NUTRICIONALES	
Por persona Calorías 189	Calorías procedentes de grasas 18
	% Valor diario
Total de grasas 2 g	3%
Grasas saturadas 0,3 g	1,5%
Grasas monoinsaturadas 0,3 g	0%
Grasas poliinsaturadas 0,4 g	0%
Colesterol 0 mg	0%
Sodio 302 mg	12,5%
Total carbohidratos 39 g	13%
Fibra dietética 11 g	44%
Azúcares 17 g	0%
Proteínas 7 g	0%

El tanto por ciento del valor diario se basa en una dieta de 2.000 calorías.

≈ Prepare la fruta, es decir, quíteles el cabito a las frambuesas y las grosellas negras y los extremos a las grosellas. Cubra la fruta con el azúcar y agua en una olla grande y cuézala a fuego lento hasta que se empiece a disolver el azúcar y empiecen a soltar el líquido. Continúe cociendo a fuego muy lento hasta que la fruta esté tierna (unos 15 minutos).

≈ Corte las rodajas de pan y forre con ellas un cuenco de 1 l sin dejar espacios.

≈ Eche la fruta en el cuenco y cúbralo con más rodajas de pan. Coloque un plato de té encima y presione con fuerza.

≈ Deje el pudín en la nevera varias horas o incluso toda la noche. Para desmoldarlo, separe los bordes con un cuchillo, coloque una fuente circular encima y déle la vuelta, agitándolo. Decórelo con hierbas frescas.

CREMA DE QUESO

6 RACIONES

na deliciosa versión baja en calorías de coeur à la crème *francesa; este postre es un perfecto acompañamiento para bayas de todo tipo.*

450 g (1 lb) de requesón desnatado

180 g (8 oz) de yogur natural desnatado

3 cucharadas de agua tibia

1 cucharada de gelatina en polvo

≈ Ponga el requesón en un cuenco y añada el yogur.

≈ Vierta el agua en un cuenco pequeño, espolvoreándola con la gelatina, revuelva bien e introduzca el cuenco en una olla con agua templada unos 5 minutos hasta que la gelatina se disuelva. Vierta la mezcla de gelatina sobre el queso y bátalo bien.

≈ Con una cuchara, sirva el queso en 6 moldes individuales (los más habituales son los moldes con forma de corazón, pero puede improvisar con potecitos o recipientes de yogur cubiertos con estopillas). Coloque los moldes sobre una rejilla colocada sobre una fuente y déjelos escurrirse durante la noche.

≈ Dé la vuelta a los moldes y sírvalos muy fríos.

HECHOS NUTRICIONALES		
Por persona		
Calorías 88	Calorías procedentes de grasas 9	
		% Valor diario
Total de grasas 1 g		1,5%
Grasas saturadas 1 g		5%
Grasas monoinsaturadas 0 g		0%
Grasas poliinsaturadas 0 g		0%
Colesterol 5 mg		1,6%
Sodio 324 mg		13,5%
Total carbohidratos 5 g		1,6%
Fibra dietética 0 g		0%
Azúcares 5 g		0%
Proteínas 14,5 g		0%

El tanto por ciento del valor diario se basa en una dieta de 2.000 calorías.

1068877297

340 g (12 oz) de peras

340 g (12 oz) de manzanas

340 g (12 oz) de melocotones

340 g (12 oz) de albaricoques

2 cucharadas de zumo de limón
  recién exprimido

675 g (1½ lb) de azúcar de flor

2 ramitas de canela

1 l (2 pts) de agua

3-4 clavos

Una tira de piel de limón

HECHOS NUTRICIONALES		
Por persona		
Calorías 268	Calorías procedentes de grasas 1	
		% Valor diario
Total de grasas 0,1 g		0,2%
Grasas saturadas 0 g		0%
Grasas monoinsaturadas 0 g		0%
Grasas poliinsaturadas 0 g		0%
Colesterol 0 mg		0%
Sodio 6 mg		0,25%
Total carbohidratos 70 g		2,3%
Fibra dietética 2 g		8%
Azúcares 70 g		0%
Proteínas 1 g		0%

El tanto por ciento del valor diario se basa en una dieta de 2.000 calorías.

COMPOTA DE FRUTA VARIADA

10 RACIONES

El acompañamiento perfecto para este delicioso postre es el yogur desnatado.

≈ Pele la fruta, quítele los corazones y parta las peras y manzanas en cuatro trozos. Lave los albaricoques y los melocotones y quite los huesos. Parta los melocotones en cuatro trozos y los albaricoques a la mitad.

≈ Coloque los trozos de peras y manzanas en una cacerola profunda con el zumo de limón, el azúcar, la canela, el agua, los clavos y la piel de limón, y cuézalos 5 minutos.

≈ Añada los melocotones y déjelos cocer 5 minutos, y a continuación los albaricoques, y déjelos de 3 a 5 minutos más o hasta que estén blandos. Saque la fruta con una espumadera y póngala en una fuente, cúbrala y déjela a un lado.

≈ Vuelva a hervir el sirope a fuego rápido 10 minutos o hasta que espese. Saque la canela, los clavos y la piel del limón. Deje enfriar el sirope y viértalo sobre la fruta. Sirva la compota fría o a temperatura ambiente.

2 melones cantalupo o dulces
  partidos a la mitad, pelados y en
  dados

340 ml (12 fl oz) de miel

450 g (1 lb) de nueces partidas

HECHOS NUTRICIONALES		
Por persona		
Calorías 267	Calorías procedentes de grasas 95	
		% Valor diario
Total de grasas 10,5 g		16%
Grasas saturadas 1 g		5%
Grasas monoinsaturadas 2 g		0%
Grasas poliinsaturadas 7 g		0%
Colesterol 0 mg		0%
Sodio 69 mg		3%
Total carbohidratos 42 g		14%
Fibra dietética 2,5 g		10%
Azúcares 42 g		0%
Proteínas 3,5 g		0%

El tanto por ciento del valor diario se basa en una dieta de 2.000 calorías.

COMPOTA DE MELÓN Y NUECES

6 RACIONES

Versiones de este mismo plato pueden encontrarse desde Grecia hasta Georgia y Armenia o Uzbekistán.

≈ Ponga en una fuente el melón en dados, con su jugo. Añada la miel y mézclelo bien. Añada las nueces y mézclelo. Sírvalo en cuencos individuales.

CAPRICHO DE YOGUR

4 RACIONES

675 g (24 oz) de yogur desnatado

Ralladura y zumo de 1 naranja

115-180 ml (4-6 fl oz) de miel clara

Un pedazo de mantequilla no salada

85 g (3 oz) de pistachos sin cáscara

85 g (3 oz) de nueces del Brasil
partidas gruesas

85 g (3 oz) de uvas pasas

2 peras duras, peladas, sin corazón y
cortadas en dados

115 g (4 oz) de orejones de
albaricoque en rodajas

85 g (3 oz) de uvas partidas a la
mitad y despepitadas

HECHOS NUTRICIONALES	
Por persona	
Calorías 666	Calorías procedentes de grasas 130
	% Valor diario
Total de grasas 14,5 g	22%
Grasas saturadas 4 g	20%
Grasas monoinsaturadas 5 g	0%
Grasas poliinsaturadas 4 g	0%
Colesterol 10 mg	3%
Sodio 235 mg	10%
Total carbohidratos 125 g	42%
Fibra dietética 29 g	116%
Azúcares 125 g	0%
Proteínas 16 g	0%

El tanto por ciento del valor diario se basa en una dieta de 2.000 calorías.

≈ Mezcle el yogur, la piel de naranja y 2 o 3 cucharadas de miel; sirva la mezcla en cuatro platos y enfríelos.

≈ Derrita la mantequilla y saltee los pistachos, las nueces del Brasil y las pasas 3 minutos. Añada las peras y saltee durante 3 minutos más o hasta que estén ligeramente cocidas. Añada los albaricoques y el zumo de naranja, y déjelo hervir, removiendo constantemente, durante 2 minutos para que absorba el zumo de naranja.

≈ Añada las uvas y el resto de la miel (o al gusto) y caliéntelo un poco. Con una cuchara, sirva la mezcla de fruta y frutos secos sobre el yogur y sírvalo.

PERAS CON CASIS

4 RACIONES

≈ Bañe las peras en el zumo de naranja. Derrita la mantequilla y saltee en ella las peras hasta que estén blandas sin deshacerse. Guarde el zumo de naranja.

≈ Vierta el zumo y el casis sobre las peras y mézclelo bien para recubrir toda la fruta con el almíbar. Distribuya las peras en cuatro platos y espolvoree cada porción con las almendras. Decore con grosellas negras o gajos de naranjas si no fuese temporada de grosellas. Sírvalo inmediatamente con yogur desnatado.

8 peras pequeñas y duras, peladas, sin corazón y partidas en cuatro trozos

Zumo de 1 naranja grande

1 cucharadita de mantequilla sin sal

100 ml. (4 oz) de casis (licor de grosella negra)

85 g (3 oz) de almendras machacadas y tostadas

1 manojo de grosellas negras o gajos de naranja a la mitad para decorar

Yogur desnatado para servir

HECHOS NUTRICIONALES	
Por persona	
Calorías 238	Calorías procedentes de grasas 63
	% Valor diario
Total de grasas 7 g	11%
Grasas saturadas 1 g	5%
Grasas monoinsaturadas 4 g	0%
Grasas poliinsaturadas 1,5 g	0%
Colesterol 3 mg	1%
Sodio 23 mg	1%
Total carbohidratos 43,5 g	14,5%
Fibra dietética 8 g	32%
Azúcares 43 g	0%
Proteínas 3 g	0%

El tanto por ciento del valor diario se basa en una dieta de 2.000 calorías.

GELATINA DE FRESA

8 RACIONES

Unas fresas maduradas en gelatina de licor son una pieza central espectacular para cualquier cena o buffet. Puede sustituir las fresas por otras bayas o utilizar otra fruta en otra estación.

400 g (14 oz) de azúcar de flor

Ralladura fina de 1 naranja

600 ml (1¼ pt) de agua

4 cucharadas (o 4 sobres) de gelatina en polvo

2 cucharadas de kirsch o brandy

1 kg (2¼ lb) de fresas sin rabo y partidas en cuatro trozos

Decoración

225 g (½ lb) de fresas partidas a la mitad

HECHOS NUTRICIONALES		
Por persona		
Calorías 292	Calorías procedentes de grasas 1	
		% Valor diario
Total de grasas 0,15 g		0,2%
Grasas saturadas 0 g		5%
Grasas monoinsaturadas 0 g		0%
Grasas poliinsaturadas 0 g		0%
Colesterol 0 mg		0%
Sodio 29 mg		1%
Total carbohidratos 69 g		23%
Fibra dietética 2 g		8%
Azúcares 69 g		0%
Proteínas 5,5 g		0%

El tanto por ciento del valor diario se basa en una dieta de 2.000 calorías.

≈ En una olla, hierva el azúcar, la ralladura de naranja y el agua lentamente, removiendo de vez en cuando. Déjelo hervir 5 minutos, apártelo del fuego y déjelo enfriar un poco. Espolvoree la gelatina y remueva bien. Déjelo enfriar sin llegar a cuajar. Cuele el sirope en una jarra con un colador fino recubierto con papel de cocina y añada el licor o el brandy.

≈ Aclare con agua fría un molde de un litro (2 pint) y coloque las fresas partidas de forma que creen un dibujo. Vierta el sirope sobre ellas lentamente, vigilando no estropear el dibujo. Cubra el molde con papel de aluminio y métalo en la nevera varias horas o toda la noche.

≈ Para desmoldar, con un cuchillo caliente separe la gelatina del molde y coloque durante unos segundos un paño mojado con agua caliente sobre la base. Con la ayuda de una fuente circular, dé la vuelta al molde y agítelo para que se desprenda la gelatina.

≈ Decore el plato con fresas frescas. Puede quitarles el rabito, pero si no lo hace es un elemento natural de contraste y resulta más decorativo.

COPOS DE AVENA AL WHISKY CON MORAS

4 RACIONES

Este postre es de origen escocés, donde tanto el whisky como la avena son auténticos exponentes culturales.

≈ En un cuenco, mezcle los copos de avena con el whisky; tápelo y déjelo macerar un par de horas.

≈ Bata la miel, el queso, el yogur y la ralladura de naranja. Añada la mayoría de las moras.

≈ Haga capas de fruta y copos en cuatro copas altas, empezando y terminando con la fruta. Decore los vasos con moras y menta frescas. Sírvalo frío.

85 g (3 oz) de copos de avena

5 cucharadas de whisky escocés

3 cucharadas de miel clara

115 g (4 oz) de requesón desnatado y colado

180 g (60 oz) de yogur natural desnatado

1 cucharadita de ralladura de naranja

225 g (½ lb) de moras sin rabito

Decoración

Hojas de menta fresca

HECHOS NUTRICIONALES	
Por persona	
Calorías 217	Calorías procedentes de grasas 23
	% Valor diario
Total de grasas 2,5 g	4%
Grasas saturadas 0,7 g	3,5%
Grasas monoinsaturadas 0,85 g	0%
Grasas poliinsaturadas 0,7 g	0%
Colesterol 3 mg	1%
Sodio 131 mg	5,5%
Total carbohidratos 32 g	11%
Fibra dietética 4 g	16%
Azúcares 20 g	0%
Proteínas 8 g	0%

El tanto por ciento del valor diario se basa en una dieta de 2.000 calorías.

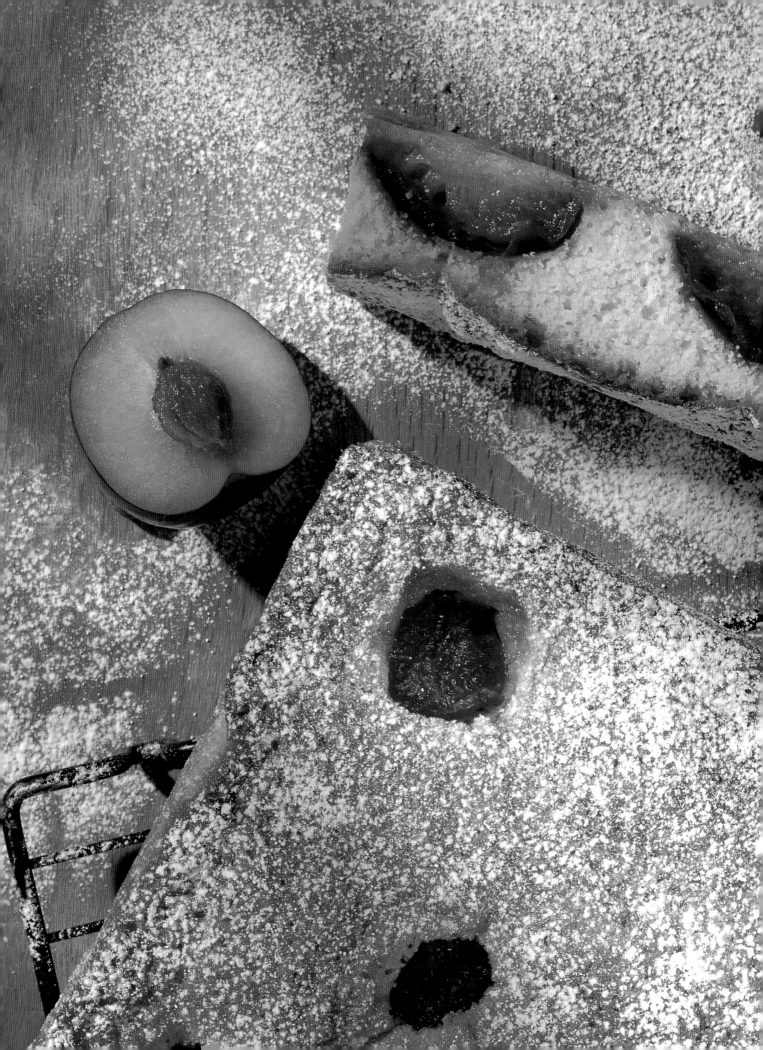

AL HORNO

Mula cantarina

Galletas de arroz y almendra

Pan dulce de higo con especias

Barritas de dátiles y naranjas

Tarta esponjosa

Pan de queso

Pan de maíz

Bollitos aromáticos

Pastelillos de coco

Bolitas de canela sencillas

Galletas de muesli

Tarta de manzana

Bizcocho de fruta y salvado

Tarta de calabaza, pipas y uvas pasas

Bollo de plátano, nectarina y almendra

Tarta de zanahoria y naranja

MULA CANTARINA

12 RACIONES

El nombre de esta torta de fruta proviene del norte de Inglaterra y se supone que se debe al ruido que hace al chisporrotear en el horno.

340 g (12 oz) de harina integral para repostería (y una pizca más para espolvorear)

1 cucharadita de sal

30 g (1 oz) de margarina poliinsaturada

180 g (6 oz) de salvado 100%

115 g (4 oz) de arroz de grano pequeño

60 g (2 oz) de azúcar moreno sin refinar

60 g (2 oz) de frutas silvestres

175 ml (6 oz) de leche desnatada

180 g (6 oz) de yogur desnatado natural

Aceite para untar

HECHOS NUTRICIONALES

Por persona
Calorías 188   Calorías procedentes de grasas 32

	% Valor diario
Total de grasas 3,5 g	5%
Grasas saturadas 0,5 g	2,5%
Grasas monoinsaturadas 1 g	0%
Grasas poliinsaturadas 1,5 g	0%
Colesterol 1 mg	0,3%
Sodio 98 mg	4%
Total carbohidratos 35 g	12%
Fibra dietética 5 g	20%
Azúcares 13 g	0%
Proteínas 6 g	0%

El tanto por ciento del valor diario se basa en una dieta de 2.000 calorías.

≈ Mezcle la harina y la sal en un cuenco y una la margarina progresivamente hasta que la mezcla adquiera el aspecto de migas de pan. Añada el salvado, el arroz, el azúcar y las frutas silvestres, y mézclelo todo bien.

≈ Haga un volcán en el centro de la masa y poco a poco añada el yogur y la leche. Coloque la masa sobre una tabla enharinada y amásela bien para que no se parta.

≈ Divida la masa en dos trozos iguales y haga con cada uno de ellos un círculo, pínchelos con un tenedor y marque las seis porciones.

≈ Unte una sartén ligeramente con aceite y caliéntelo a fuego medio. Fría la torta 3 o 4 minutos de cada lado y sírvala caliente con miel o mermelada.

GALLETAS DE ARROZ Y ALMENDRA

12 GALLETAS

Si se utiliza sólo la clara del huevo sin aceite ni mantequilla, estas galletas son aptas para dietas de bajo contenido graso.

115 g (4 oz) de arroz molido

2 cucharadas de almendras machacadas

60 g (2 oz) de azúcar

1 clara de huevo, ligeramente batida

2 cucharadas de miel clara

2-3 gotas de aroma de almendra

12 almendras blanqueadas partidas en dos

≈ Precaliente el horno a 165 °C (325 °F). Mezcle el arroz, las almendras machacadas y el azúcar. Una las claras, la miel y el aroma de almendra.

≈ Cubra una fuente con papel engrasado. Forme las galletas con una cucharilla, separándolas, y coloque una de las mitades de almendra sobre cada una de ellas.

≈ Hornee durante 15-20 minutos o hasta que las galletas estén tostadas y doradas.

Déjelas enfriar un poco en la fuente, sepárelas después del papel y cuando se enfríen, guárdelas en un bote que cierre herméticamente.

HECHOS NUTRICIONALES	
Por persona	
Calorías 73	Calorías procedentes de grasas 23
	% Valor diario
Total de grasas 2,5 g	4%
Grasas saturadas 0,2 g	1%
Grasas monoinsaturadas 1,5 g	0%
Grasas poliinsaturadas 0,6 g	0%
Colesterol 0 mg	0%
Sodio 6 mg	0,25%
Total carbohidratos 11 g	4%
Fibra dietética 1 g	4%
Azúcares 6 g	0%
Proteínas 1,5 g	0%

El tanto por ciento del valor diario se basa en una dieta de 2.000 calorías.

PAN DULCE DE HIGO CON ESPECIAS

PARA UN BOLLO DE 450 g

*Es más un bizcocho especiado que un tipo de pan. Está muy sabroso con requesón
y gajos de naranja.*

140 g (5 oz) de harina integral

2 cucharaditas de levadura

1 cucharadita de canela molida

Una pizca de nuez moscada rallada

180 g (6 oz) de copos de avena

85 g (3 oz) de azúcar moreno o
    Muscovado claro

3 cucharadas de miel clara

300 ml (10 fl oz) de leche desnatada

115 g (4 oz) de higos secos,
    troceados

HECHOS NUTRICIONALES	
Por persona	
Calorías 1.510	Calorías procedentes de grasas 135
	% Valor diario
Total de grasas 15 g	20%
Grasas saturadas 2,5 g	12,5%
Grasas monoinsaturadas 4 g	0%
Grasas poliinsaturadas 5 g	0%
Colesterol 6 mg	2%
Sodio 273 mg	10%
Total carbohidratos 330 g	1%
Fibra dietética 33,5 g	132%
Azúcares 196 g	0%
Proteínas 39 g	0%

*El tanto por ciento del valor diario se basa en
una dieta de 2.000 calorías.*

≈ Precaliente el horno a 180 °C (350 °F) o en la posición 4. Tamice la harina, la levadura y las especias, y tire el hollejo que quede en el tamiz. Añada los copos de avena, el azúcar y la miel, y después vierta poco a poco la leche removiendo constantemente. Añada los higos troceados.

≈ Forre un molde con papel engrasado y vierta la mezcla homogéneamente. Hornee 50 minutos o hasta que al clavar un pincho salga limpio.

≈ Deje el pan enfriar un poco en el molde y después déle la vuelta sobre una fuente. Cuando enfríe por completo, puede guardarse envuelto en papel de aluminio en un recipiente de cierre hermético.

112

BARRITAS DE DÁTILES Y NARANJAS

10 BARRITAS

El toque amargo de la naranja y la dulzura de los dátiles representan una combinación irresistible.

225 g (8 oz) de dátiles deshuesados y troceados

Ralladura de 2 naranjas

1 naranja pelada, en gajos y troceada

60 g (2 oz) de margarina poliinsaturada

180 g (6 oz) de copos de avena

115 g (4 oz) de harina integral

3 cucharadas de miel clara

60 g (2 oz) de nueces de pecán troceadas

1 cucharada de semillas de sésamo

Aceite para untar

≈ Precaliente el horno a 180 °C (375 °F) o en la posición 5. Mezcle los dátiles, la ralladura y los trozos de naranja.

≈ Derrita la margarina y añada los copos de avena, la harina, la miel, las nueces de pecán y las semillas de sésamo. Unte con aceite un molde de unos 18 cm.

≈ Cubra la base del molde con los copos y apriételos. Iguale la superficie y cúbrala con la mezcla de dátiles. Esparza el resto de los copos de avena por encima e iguale la superficie suavemente.

≈ Hornee durante 25 o 30 minutos, o hasta que se tueste la superficie. Déjelo enfriar un poco y pártalo en barritas, para lo cual puede cortar la tarta a la mitad y cada mitad en cinco trozos.

HECHOS NUTRICIONALES		
Por persona		
Calorías 196	Calorías procedentes de grasas 80	
		% Valor diario
Total de grasas 9 g		0,1%
Grasas saturadas 1,5 g		7,5%
Grasas monoinsaturadas 3 g		0%
Grasas poliinsaturadas 3,5 g		0%
Colesterol 0 mg		0%
Sodio 43 mg		2%
Total carbohidratos 28 g		9%
Fibra dietética 3 g		12%
Azúcares 17 g		0%
Proteínas 3 g		0%

El tanto por ciento del valor diario se basa en una dieta de 2.000 calorías.

TARTA ESPONJOSA

6 RACIONES

Para hacer esta tarta esponjosa clásica no se usa aceite, margarina ni mantequilla. Conviene señalar que al utilizar tres yemas de huevo su contenido en colesterol es alto. Es útil contar con una batidora eléctrica.

Aceite para untar

3 huevos grandes

85 g (3 oz) de azúcar de flor

Unas gotas de aroma de vainilla

115 g (4 oz) de harina (y un poco más para espolvorear)

Relleno

115 g (4 oz) de mermelada de fresa

115 g (4 oz) de yogur desnatado

Cobertura

3 cucharadas de azúcar glasé

≈ Precaliente el horno a 180 °C (350 °F) o en la posición 4. En primer lugar, prepare los moldes. Unte el fondo de dos moldes circulares de 18 cm con aceite. Forre la base con papel engrasado circular y úntelo también con aceite. Espolvoree los laterales y la base con harina y agítelos para evitar excesos de harina.

≈ Vierta agua hirviendo en una olla hasta 5 cm de altura y coloque encima una fuente de horno grande. Hierva el agua a fuego lento.

≈ Bata en un cuenco los huevos, el azúcar y el aroma de vainilla hasta que la mezcla esté espesa y templada. Con una batidora eléctrica puede hacerse en 10 minutos.

≈ Retire el cuenco del fuego y bátalo hasta que las hojas dejen marca y la mezcla se enfríe.

≈ Tamice la harina poco a poco añadiéndola al huevo con una cuchara metálica. Repártala en dos fuentes e iguale la superficie.

≈ Hornee durante 20-25 minutos hasta que las tartas mengüen.

≈ Deje las tartas en los moldes 5 minutos y después déles la vuela en una fuente. Quite el papel y déjelas enfriar. Una vez que estén frías, haga un bocadillo con las dos de mermelada y yogur.

BRAZO DE GITANO

≈ Esta masa también puede utilizarse para hacer brazo de gitano. Unte la fuente con aceite, fórrela con papel engrasado y unte el papel.

≈ Una vez que la tarta se haya enfriado, colóquela sobre papel engrasado espolvoreado con azúcar y coloque otro papel sobre ella y frótelos.

≈ Cuando se haya enfriado quite los papeles, extienda mantequilla o gelatina sobre la tarta. Enróllela de nuevo y espolvoree con azúcar glasé.

HECHOS NUTRICIONALES		
Por persona		
Calorías 237	Calorías procedentes de grasas 36	
	% Valor diario	
Total de grasas 4 g		6%
Grasas saturadas 1 g		5%
Grasas monoinsaturadas 2 g		0%
Grasas poliinsaturadas 1 g		0%
Colesterol 120 mg		40%
Sodio 73 mg		3%
Total carbohidratos 47 g		16%
Fibra dietética 0,5 g		2%
Azúcares 39 g		0%
Proteínas 6 g		0%

El tanto por ciento del valor diario se basa en una dieta de 2.000 calorías.

PAN DE QUESO

PARA DOS BOLLOS DE 450 GRAMOS

Este pan de queso ligeramente especiado puede servirse como aperitivo con una ensalada verde, apio o una selección de hortalizas crudas.

560 g (20 oz) de harina integral (y un poco más para espolvorear)

2 cucharaditas de sal

180 g (6 oz) de salvado, molido

1 cucharada de margarina poliinsaturada

180 g (6 oz) de queso duro rallado de bajo contenido graso

4 cucharaditas de levadura

½ cucharadita de macis

2 cucharaditas de semillas de comino

½ l (1 pt) de agua tibia

Aceite para untar

≈ Mezcle la harina, la sal y el salvado en un cuenco, y una la margarina progresivamente hasta que la mezcla adquiera el aspecto de migas de pan. Añada el queso, la levadura, el macis y las semillas de comino, y poco a poco vierta el agua, removiéndolo todo mientras tanto.

≈ Amase la masa con suavidad para que no se parta, en una tabla ligeramente espolvoreada con harina. Colóquela en una fuente, cúbrala con papel de plástico y déjela reposar en un lugar templado unos 45 minutos. A continuación, amásela de nuevo durante un minuto.

≈ Precaliente el horno a 230 °C (450 °F). Unte dos moldes de bollo de unos 450 g de capacidad con aceite. Divida la masa en dos trozos iguales y presione cada uno de ellos en un molde, prestando especial atención a las esquinas.

≈ Hornee los bollos unos 5 minutos y reduzca la temperatura del horno a 205 °C (400 °F) o posición 6, y cuézalos en el horno durante 30-35 minutos más o hasta que suenen huecas al golpear la base.

≈ Deje que los bollos se enfríen un poco en los moldes y vuélquelos en una fuente para que se enfríen por completo.

HECHOS NUTRICIONALES

Por persona

Calorías 908	Calorías procedentes de grasas 180

	% Valor diario
Total de grasas 20 g	30%
Grasas saturadas 6 g	30%
Grasas monoinsaturadas 5 g	0%
Grasas poliinsaturadas 6,5 g	0%
Colesterol 16 mg	5%
Sodio 554 mg	20%
Total carbohidratos 149 g	50%
Fibra dietética 35 g	140%
Azúcares 9 g	0%
Proteínas 43 g	0%

El tanto por ciento del valor diario se basa en una dieta de 2.000 calorías.

PAN DE MAÍZ

6 RACIONES

Este pan es perfecto para desayunar o merendar, servido templado y acompañado de requesón y miel.

60 g (2 oz) de harina de maíz

115 g (4 oz) de harina integral para repostería

½ cucharadita de levadura

1 cucharada de margarina poliinsaturada derretida

1 huevo pequeño, ligeramente batido

100 ml (4 fl oz) de leche desnatada

1 cucharada de miel clara

Cobertura

2 cucharadas de avena

≈ Precaliente el horno a 205 °C (400 °F) o en la posición 6. Tamice la harina de maíz, la harina integral y la levadura en un cuenco y tire el hollejo que haya podido quedar en el tamiz. Haga un pozo en el centro de los ingredientes.

≈ Mezcle la margarina, el huevo, la leche y la miel, y, a continuación, una los ingredientes secos removiendo bien.

≈ Coloque un molde para flan de 20 cm sobre una fuente de horno ligeramente untada con aceite. Eche la mezcla en el molde, marque los seis trozos y espolvoree con los copos de avena.

≈ Hornee el pan unos 20 minutos hasta que haya subido lo suficiente y resulte esponjoso al tacto. Déjelo enfriar y vuélquelo en una fuente. Sírvalo caliente.

HECHOS NUTRICIONALES	
Por persona	
Calorías 141	Calorías procedentes de grasas 45
	% Valor diario
Total de grasas 5 g	8%
Grasas saturadas 1 g	5%
Grasas monoinsaturadas 2 g	0%
Grasas poliinsaturadas 2 g	0%
Colesterol 40 mg	13%
Sodio 50 mg	2%
Total carbohidratos 20 g	7%
Fibra dietética 2 g	8%
Azúcares 3,5 g	0%
Proteínas 5 g	0%

El tanto por ciento del valor diario se basa en una dieta de 2.000 calorías.

BOLLITOS AROMÁTICOS

PARA UNOS 10 BOLLITOS

Si se comen calientes, pueden servirse con queso desnatado o uvas y apio, como un sabroso aperitivo. También son un buen acompañamiento para un plato de sopa caliente.

210 g (7½ oz) de harina integral (y un poco más para espolvorear)

½ cucharadita de sal

½ cucharadita de bicarbonato sódico

60 g (2 oz) de margarina poliinsaturada

1 cucharadita de mezcla de hierbas aromáticas

1 cucharadita de pimentón

180 g (6 oz) de yogur natural desnatado o suero de leche

Leche para el glaseado

≈ Precaliente el horno a 205 °C (400 °F). Tamice la harina, la sal y el bicarbonato en un cuenco y una la mantequilla, mezclándola hasta que la masa tenga aspecto de migas de pan. Añada el pimentón y las hierbas aromáticas. Haga un pozo en el centro de la masa. Una el yogur o el suero de leche para conseguir una masa firme.

≈ Amásela sobre una tabla espolvoreada con harina. Amásela hasta que tenga unos 2 cm de grosor (¾ inch) y, con la ayuda de un cuchillo ondulado, córtela en círculos de 5 cm (2 inch). Enrolle la pasta sobrante y haga nuevos círculos. Unte la superficie con leche para glasearla.

≈ Hornee los bollitos en una fuente de horno antiadherente hasta que hayan crecido y tengan un aspecto proporcionado y tostado. Déjelos enfriar un poco en una fuente y sírvalos templados.

HECHOS NUTRICIONALES		
Por persona		
Calorías 104	Calorías procedentes de grasas 45	
	% Valor diario	
Total de grasas 5 g		8%
Grasas saturadas 1 g		5%
Grasas monoinsaturadas 1,5 g		0%
Grasas poliinsaturadas 2 g		0%
Colesterol 1 mg		0,3%
Sodio 51 mg		2%
Total carbohidratos 12 g		4%
Fibra dietética 2 g		8%
Azúcares 1,5 g		0%
Proteínas 3 g		0%

El tanto por ciento del valor diario se basa en una dieta de 2.000 calorías.

AL HORNO

PASTELILLOS DE COCO

UNOS 30 PASTELILLOS

S̶on deliciosos y un buena forma de utilizar las claras de huevo sobrantes.

4 claras de huevo

¼ cucharadita de cremor tártaro

140 g (5 oz) de azúcar

1 cucharadita de zumo de limón o de
  vinagre de vino blanco destilado

1 cucharadita de aroma de vainilla

285 g (10 oz) de coco rallado sin
  endulzar

≈ Con una batidora eléctrica bata a velocidad media las claras hasta que estén espumosas. Añada el cremor tártaro y bata a velocidad alta hasta que se pongan a punto de nieve. Espolvoree con el azúcar (2 cucharadas de cada vez) batiendo bien para que las claras estén a punto de nieve después de cada vez. Espolvoree las claras con el zumo de limón o el vinagre, la vainilla y el coco. Únalo todo.

≈ Precaliente el horno a 150 °C (300 °F). Forre dos moldes para horno grandes con papel antiadherente o de aluminio y forme figuras cónicas con la masa, dejando unos 2,5 cm entre los conos. Hornee los pastelillos entre 40 y 45 minutos o hasta que estén tostados. Deben estar blandos en el centro. Desenvuélvalos y déjelos enfriar por completo. Guárdelos en un recipiente con cierre hermético.

HECHOS NUTRICIONALES	
Por persona	
Calorías 47	Calorías procedentes de grasas 18
	% Valor diario
Total de grasas 2 g	3%
Grasas saturadas 2 g	10%
Grasas monoinsaturadas 0,1 g	0%
Grasas poliinsaturadas 0,05 g	0%
Colesterol 0 mg	0%
Sodio 9 mg	0,4%
Total carbohidratos 7 g	2%
Fibra dietética 0,5 g	2%
Azúcares 7 g	0%
Proteínas 0,5 g	0%

El tanto por ciento del valor diario se basa en una dieta de 2.000 calorías.

225 g (8 oz) de almendras
   blanqueadas o nueces molidas

200 g (7 oz) de azúcar

1 cucharada de canela molida

2 claras de huevo

⅛ cucharadita de cremor tártaro

Azúcar glasé y canela para dar forma.

HECHOS NUTRICIONALES	
Por persona	
Calorías 97	Calorías procedentes de grasas 54
	% Valor diario
Total de grasas 6 g	9%
Grasas saturadas 0,5 g	2,5%
Grasas monoinsaturadas 3 g	0%
Grasas poliinsaturadas 1 g	0%
Colesterol 0 mg	0%
Sodio 8 mg	0,3%
Total carbohidratos 10 g	3%
Fibra dietética 1 g	4%
Azúcares 10 g	0%
Proteínas 2 g	0%

El tanto por ciento del valor diario se basa en una dieta de 2.000 calorías.

225 g (8 oz) de uvas pasas

180 g (6 oz) de orejones de
   albaricoque, partidos

1 huevo, batido

2 cucharadas de margarina
   poliinsaturada derretida con dos
   cucharadas de agua caliente

225 g (8 oz) de muesli

1 cucharada repleta de frutos secos
   machacados

HECHOS NUTRICIONALES	
Por persona	
Calorías 169	Calorías procedentes de grasas 54
	% Valor diario
Total de grasas 6 g	9%
Grasas saturadas 2 g	10%
Grasas monoinsaturadas 0,2 g	0%
Grasas poliinsaturadas 1 g	0%
Colesterol 30 mg	10%
Sodio 192 mg	8%
Total carbohidratos 26 g	9%
Fibra dietética 3 g	12%
Azúcares 12 g	0%
Proteínas 5 g	0%

El tanto por ciento del valor diario se basa en una dieta de 2.000 calorías.

BOLITAS DE CANELA SENCILLAS

PARA UNAS 20 BOLITAS

Hacer estas galletas es un juego de niños. Los niños no deben acercarse al horno y es posible que no obtengan resultados uniformes, pero con seguridad se divertirán. Si la masa queda demasiado blanda para darle forma, puede añadirse un poco más de almendra molida para endurecerla.

≈ Precaliente el horno a 165 °C (325 °F) o en la posición 3. Unte ligeramente una fuente de horno grande. Mezcle en un cuenco mediano las almendras o nueces molidas, la mitad del azúcar y la canela.

≈ En otro cuenco mediano, bata con una batidora eléctrica las claras hasta que queden espumosas. Una la crema tártara y continúe batiendo hasta que se pongan a punto de nieve. Añada poco a poco el resto del azúcar, hasta que las claras tengan aspecto rígido y brillante. Una con cuidado la mezcla de almendras.

≈ Con las manos húmedas, forme pequeñas bolas del tamaño de una nuez con la masa y colóquelas en la fuente para el horno a unos 2,5 cm (1 inch) unas de otras. Hornee las bolitas hasta que estén tostadas y doradas (unos 25-30 minutos) Saque la bandeja y déjelas enfriar un poco.

≈ En un cuenco pequeño mezcle bien el azúcar glasé con ¼ cucharadita de canela. Recubra las bolitas con la mezcla y déjelas que enfríen por completo. Una vez que estén frías por completo recubra cada bolita de nuevo con azúcar.

GALLETAS DE MUESLI

PARA UNAS 10 GALLETAS

≈ Precaliente el horno a unos 180 °C (350 °F). Seleccione la fruta seca y lávela en agua muy caliente. Escúrrala y mézclela bien con el huevo y la mantequilla. Añada el muesli y los frutos secos.

≈ Recubra una fuente de horno con papel engrasado y extienda la masa en una capa fina. Marque las barritas y cuézalas al horno 45 minutos.

≈ Corte las barritas y déjelas enfriar unos 10 minutos antes de sacarlas de la fuente. Acabe de hornear sobre la rejilla.

TARTA DE MANZANA

10 RACIONES

3 manzanas para cocinar medianas,
    peladas, sin corazón y en rodajas

Un poco de sidra

1 clavo

2 cucharadas de margarina
    poliinsaturada

2 cucharadas de miel

2 cucharadas de melaza

1 huevo

1 cucharadita de mezcla de especias

Una pizca de sal

2 cucharaditas de levadura

1 cucharadita de bicarbonato sódico

85 g (3 oz) de uvas pasas

210 g (7½ oz) de harina integral

4 cucharadas de germen de trigo

HECHOS NUTRICIONALES

Por persona

Calorías 131	Calorías procedentes de grasas 27
	% Valor diario
Total de grasas 3 g	5%
Grasas saturadas 0,5 g	2,5%
Grasas monoinsaturadas 1 g	0%
Grasas poliinsaturadas 1 g	0%
Colesterol 24 mg	8%
Sodio 29 mg	1%
Total carbohidratos 24 g	8%
Fibra dietética 3,5 g	14%
Azúcares 12 g	0%
Proteínas 4 g	0%

El tanto por ciento del valor diario se basa en una dieta de 2.000 calorías.

≈ Precaliente el horno a 180 °C (350 °F) o en la posición 4.

≈ Macere las rodajas de manzana en un poco de sidra con clavo y cuando se ablanden quite el clavo, escúrralas, guarde la sidra y chafe las manzanas.

≈ En otro cuenco grande, mezcle la margarina, la miel, la melaza y una cucharada de sidra. Bata un huevo y añádalo. Añada a continuación las manzanas y el resto de los ingredientes y remueva bien.

≈ Eche la mantequilla en una fuente enharinada y engrasada de unos 10 × 23 cm (4 × 9 inch), y hornee la tarta una hora más o menos o hasta que se endurezca. Déjela reposar 10 minutos, sáquela de la fuente y déjela enfriar por completo sobre la rejilla.

BIZCOCHO DE FRUTA Y SALVADO

PARA UN BIZCOCHO DE 900 G

Siempre resulta socorrido tener a mano un jugoso bizcocho de fruta, especialmente en épocas festivas. Éste se mantiene muy bien en el molde.

85 g (3 oz) de salvado

300 ml. (10 oz) de leche desnatada

210 g (7½ oz) de harina de trigo
   para repostería

1 cucharadita de levadura

1 cucharadita de sal

115 g (4 oz) de pasas despepitadas

60 g (2 oz) de frutas silvestres

85 g (3 oz) de sultanas

85 g (3 oz) de azúcar moreno o
   pardo oscuro

2 cucharadas de miel clara

2 cucharadas de melaza

Aceite para untar

≈ Ponga el salvado a remojo en leche durante 30 minutos.

≈ Precaliente el horno a 180 °C (350 °F) o en la posición 4. Tamice la harina, la levadura y la sal, y únala a la mezcla de cereales junto con cualquier cascarilla que se haya quedado en el tamiz. Añada las pasas, las frutas silvestres, el azúcar, la miel y la melaza, y mézclelo todo bien.

≈ Unte ligeramente con aceite un molde de unos 900 g. Eche la masa con una cuchara e iguale la superficie. Cueza en el horno una hora u hora, y cuarto o hasta que esté bien cocido por el centro.

≈ Deje que el bizcocho enfríe un poco en el molde y después sobre una rejilla. Una vez frío, puede envolverse en papel de aluminio y guardarse en una lata.

HECHOS NUTRICIONALES	
Por persona	
Calorías 135	Calorías procedentes de grasas 5
	% Valor diario
Total de grasas 0,5 g	0,8%
Grasas saturadas 0 g	0%
Grasas monoinsaturadas 0 g	0%
Grasas poliinsaturadas 0,2 g	0%
Colesterol 0 mg	0%
Sodio 61 mg	2,5%
Total carbohidratos 32 g	11%
Fibra dietética 3 g	12%
Azúcares 24 g	0%
Proteínas 3 g	0%

El tanto por ciento del valor diario se basa en una dieta de 2.000 calorías.

TARTA DE CALABAZA, PIPAS Y UVAS PASAS

PARA 10-12 TROZOS

450 g (1 lb) de calabaza

340 g (12 oz) de harina integral

Una pizca de sal

2 cucharaditas de levadura

1 cucharadita de bicarbonato sódico

60 g (2 oz) de semillas de girasol

60 g (2 oz) de pasas

2 huevos

2 cucharadas de miel

2 cucharadas de melaza

1 cucharada de agua templada

HECHOS NUTRICIONALES

Por persona
Calorías 126 | Calorías procedentes de grasas 36

	% Valor diario
Total de grasas 4 g	6%
Grasas saturadas 0,5 g	2,5%
Grasas monoinsaturadas 1 g	0%
Grasas poliinsaturadas 2 g	0%
Colesterol 40 mg	13%
Sodio 18 mg	0,75%
Total carbohidratos 20 g	7%
Fibra dietética 3 g	12%
Azúcares 6 g	0%
Proteínas 5 g	0%

El tanto por ciento del valor diario se basa en una dieta de 2.000 calorías.

≈ Precaliente el horno hasta los 190 °C (375 °F) o en la posición 5. Pele la calabaza, pártala en trozos más bien pequeños y cuézala hasta que esté tierna. Entonces, escúrrala y córtela en trozos pequeños.

≈ Mezcle la harina, la sal, la levadura, las semillas de girasol y las pasas.

≈ En otro cuenco, bata los huevos y añada la melaza y la miel. Añada una cucharada de agua templada y la calabaza y remueva bien.

≈ Mezcle todos los ingredientes y viértalos en un molde engrasado y enharinado. Cueza la tarta en el horno unos 50-60 minutos. Déjela empezar a enfriarse en el molde y después sobre la rejilla.

BOLLO DE PLÁTANO, NECTARINA Y ALMENDRA

PARA 10-12 TROZOS

280 g (10 oz) de harina integral

85 g (3 oz) de germen de trigo

60 g (2 oz) de nectarinas secas partidas

60 g (2 oz) de almendras partidas

2 cucharaditas de levadura

1 cucharadita de bicarbonato sódico

Una pizca de sal

2 cucharadas de miel

2 cucharadas de melaza

½ cucharadita de vainilla

3 plátanos pisados

1 huevo, batido

≈ Precaliente el horno a 180 °C (350 °F) o en la posición 4.

≈ Mezcle los ingredientes secos en un cuenco grande y el resto en otro cuenco. A continuación, mezcle el contenido de ambos y remuévalo bien.

≈ Vierta el contenido en un molde engrasado y enharinado de unos 10 × 23 cm y cueza el bollo en el horno unos 50 minutos o hasta que un palillo hundido en el centro salga limpio. Déjelo enfriar 15 minutos, vuélquelo sobre una rejilla y deje que se enfríe por completo antes de cortar el bollo en rodajas. Puede comerse solo o untado, por ejemplo, con queso desnatado.

HECHOS NUTRICIONALES	
Por persona	
Calorías 134	Calorías procedentes de grasas 27
	% Valor diario
Total de grasas 3 g	5%
Grasas saturadas 0,5 g	2,5%
Grasas monoinsaturadas 1,5 g	0%
Grasas poliinsaturadas 1 g	0%
Colesterol 20 mg	7%
Sodio 10 mg	0,4%
Total carbohidratos 23 g	8%
Fibra dietética 4 g	16%
Azúcares 10 g	0%
Proteínas 5 g	0%

El tanto por ciento del valor diario se basa en una dieta de 2.000 calorías.

TARTA DE ZANAHORIA Y NARANJA

PARA 10-12 TROZOS

2 cucharadas de aceite

2 cucharadas de miel

2 cucharadas de melaza

2 huevos

450 g (1 lb) de zanahorias peladas y
ralladas

Ralladura de 1 naranja

1 cucharada de zumo de naranja

280 g (10 oz) de harina integral

4 cucharadas de germen de trigo

1 cucharadita de canela

Una pizca de sal

2 cucharaditas de levadura

1 cucharadita de bicarbonato sódico

HECHOS NUTRICIONALES	
Por persona	
Calorías 114	Calorías procedentes de grasas 36
	% Valor diario
Total de grasas 4 g	6%
Grasas saturadas 0,5 g	*2,5%*
Grasas monoinsaturadas 1 g	*0%*
Grasas poliinsaturadas 2 g	*0%*
Colesterol 40 mg	13%
Sodio 21 mg	1%
Total carbohidratos 17 g	6%
Fibra dietética 3,5 g	*14%*
Azúcares 4 g	*0%*
Proteínas 4 g	0%

El tanto por ciento del valor diario se basa en una dieta de 2.000 calorías.

≈ Precaliente el horno a 190 °C (375 °F) o en la posición 5.

≈ Bata el aceite, la miel, la melaza y los huevos. Añada la zanahoria, la ralladura de naranja y el zumo. Mezcle los ingredientes secos en un cuenco y añada la mezcla de zanahoria. Mézclelo bien y viértalo en un molde para tarta de 23 cm.

≈ Cueza la tarta en el horno unos 30 minutos o hasta que esté hecha. Déjela enfriar 10 minutos en el molde y luego, por completo, en una rejilla.

ÍNDICE

Alubias
   Alubias con salsa de tomate y
      cebolla 74
   Aperitivo crujiente de judías y
      maíz 36
   Judías verdes con ajo y tomate
      84
   Judías verdes especiadas 81
   Patatas con garbanzos 44
   Sopa de champiñones y
      judiones 38
   Sopa italiana de judías y pasta
      34
Aperitivo crujiente de judías y maíz
   36
Arroz de piña y guindilla 82

Barritas de dátiles y naranjas 113
Bhaji de cinco verduras a la menta
   58
Bizcocho de fruta y salvado 123
Bolitas de canela sencillas 120
Bollitos aromáticos 118
Bollo de plátano, nectarina y
   almendra 125
Borscht 25

Calabacín crujiente con maíz 64
Calabacines con nueces 85
Champiñones
   Champiñones aliñados 33
   Champiñones cremosos con
      ajo 27
   Ensalada de champiñones,
      peras, judías verdes y
      nueces 70
   Hamburguesas de
      champiñones al horno 42
   Pastel de champiñones y
      brócoli con nueces 47
   Salsa picante con champiñones
      32
   Setas aliñadas 33

Tortilla picante de champiñones
   51
Cóctel de plátano 20
Cóctel de pomelo 18
Coles de Bruselas con aguacate 89
Colesterol 7-8, 11
   contenido de la comida 11
Compota de frutas variadas 102
Compota de melón y nueces 102
Copos de avena al whisky con
   moras 107
Corona de albaricoque 92
Crema de queso 101
Crêpes de avena 16
Curry de huevo con guisantes y
   ajo al jengibre 59
Cuscús tunecino vegetal 54

Delicia de yogur 104
Desayuno crujiente 14

Ensaladas
   Aperitivo crujiente de judías y
      maíz 36
   Ensalada de aguacate y
      granada 37
   Ensalada de champiñones,
      peras, judías verdes y
      nueces 70
   Ensalada de pasta
      mediterránea 24
   Ensalada de repollo y menta
      76
   Ensalada de tomate y albahaca
      28
   Ensalada de zanahoria
      marroquí 86
   Lechos de pepino con frutos
      secos 26
   Espaguetis con salsa de tomate y
      albahaca 46
   Estofado de verduras armenio 67
   Fruta al grill con miel 17

Galletas aromáticas 118
Galletas de arroz y almendras 111
Galletas de muesli 120
Grasas, tipos 8-9
   contenido de los alimentos 11

Hamburguesa de champiñones al
   horno 42
Higos escalfados con miel 14
Hortalizas al estilo indio 80
Huevos
   Curry de huevo con ojo y
      guisantes y ajo al jengibre
      59
   Revuelto de quimbombó 30
   Tortilla picante de champiñones
      51

Judías verdes especiadas 81

Lechos de pepino con frutos secos
   26
Lombarda agridulce 76

Merengue de piña 99
Mojo de berenjena y pipas de
   girasol 72
Muesli de albaricoque 18
Mula cantarina 110

Pan
   Pan de queso 116
   Pan dulce de higo con especias
      112
Pasta
   Ensalada de pasta
      mediterránea 24
   Espaguetis con salsa de tomate
      y albahaca 46
   Sopa italiana de judías y pasta
      34
   véase Salsas para pasta
   Verduras Chinas con Fusilli 49

Pastel de champiñones y brócoli
   con nueces 47
Pastel de patata y tomate 61
Pastel de ruibarbo con cobertura
   de avena 94
Pastel vegetal 45
Pastellillos de coco 119
Patatas
   Berenjenas con patatas
      picantes 62
   Pastel vegetal 45
   Patatas al pimentón en salsa
      picante 75
   Patatas asadas con brócoli 43
   Patatas con garbanzos 44
   Patatas indias 88
   Tartaletas de patatas picantes 21
Peras con casis 105
Pimientos rellenos de albaricoque
   y nueces 55
Popurrí de hortalizas a la griega 78
Popurrí vegetal 66
Pudín de verano 100

Quimbombó con guindilla 60

Ragú de calabacín 56
Rodajas de frutas exóticas con
   dátiles 95

Salsa caliente de remolacha con
   yogur y mostaza 71
Salsa cremosa de apio 52
Salsa de coliflor y calabacín 53
Salsas para pasta
   Crema de apio 52
   Popurrí vegetal 66
   Salsa de coliflor y calabacín 53
   Salsa de tomate y champiñones
      50
   Salsa picante con champiñones
      32
   véase Pasta

ÍNDICE

Sopas

    Borscht 25

    Sopa de champiñones y
        judiones 38

    Sopa de lentejas y cebolla al
        limón 39

    Sopa italiana de judías y pasta 34

Sorbete de grosella negra 93

Sorbete de naranja 96

Tallarines de huevo tailandeses a la
    guindilla 65

Tartaletas de patata picante 21

Tartas

    Bollo de plátano, nectarina y
        almendra 125

    Tarta de calabaza, pipas y uvas

        pasas 124

Tarta de manzana 122

Tarta de merengue de
    albaricoque con praliné 98

Tarta de zanahoria y naranja
    126

Tarta esponjosa 114

Tempura vegetal japonesa 73

Tortilla picante de champiñones 51

Verduras al estilo indio 80

Verduras chinas con fusilli 49

Zanahorias glaseadas con cilantro
    79

Zanahorias y maíz con gratinado
    especiado 48